广西旅游
游客满意度调查研究

林选妙 ◎ 著

图书在版编目（CIP）数据

广西旅游游客满意度调查研究 / 林选妙著 .—北京：
企业管理出版社, 2023.11
　ISBN 978-7-5164-3037-8

　Ⅰ.①广⋯　Ⅱ.①林⋯　Ⅲ.①旅游区 – 顾客满意度 –
调查研究 – 广西　Ⅳ.① F592.767

　中国国家版本馆 CIP 数据核字（2024）第 028298 号

书　　名	广西旅游游客满意度调查研究
书　　号	978-7-5164-3037-8
作　　者	林选妙
策　　划	杨慧芳
责任编辑	杨慧芳
出版发行	企业管理出版社
经　　销	新华书店
地　　址	北京市海淀区紫竹院南路 17 号　邮编：100048
网　　址	http://www.emph.cn　电子信箱：314819720@qq.com
电　　话	编辑部（010）68420309　发行部（010）68701816
印　　刷	北京亿友数字印刷有限公司
版　　次	2023 年 12 月第 1 版
印　　次	2023 年 12 月第 1 次印刷
开　　本	710mm×1000mm　　1/16
印　　张	13 印张
字　　数	208 千字
定　　价	59.00 元

版权所有　翻印必究·印装有误　负责调换

前　言

　　游客满意度在衡量一个地区旅游业发展水平时发挥着重要作用。游客满意度是游客将对旅游目的地的期望与在该旅游目的地游览后的体验结果进行比较之后而产生的一种心理状态。换言之，游客满意度是游客在一个旅游目的地的旅游需求得到满足的程度。游客满意既是旅游目的地旅游产品开发的出发点，也是落脚点。因为旅游产品只有得到旅游者的满意与认可才能为市场所接受，才能产生更好的经济效益和社会效益，企业才能实现可持续经营与发展。因此，提高游客满意度水平是旅游目的地在市场竞争中制胜的重要法宝之一。

　　广西壮族自治区（以下简称广西）从2013年开始开展广西特色旅游名县创建工作，从2016年开始开展广西全域旅游示范区创建工作，按照自治区创建广西特色旅游名县工作领导小组发布的《广西特色旅游名县评定标准与评分细则》和创建广西全域旅游示范区工作领导小组发布的《广西全域旅游示范区验收标准与评分细则》，游客满意度指数是评定特色旅游名县或全域旅游示范区的重要指数之一。为全面了解广西旅游业发展环境、旅游产品开发质量和旅游服务水平，厘清国内外游客在广西的旅游服务与消费需求，掌握游客对广西各设区市和县（市、区）的旅游满意度，系统排查全区旅游管理、环境建设、基础设施等软硬件问题，切实提升旅游服务质量，推动旅游业健康、科学、有序发展，多年以来，广西持续开展广西游客满意度调查研究工作。为让相关学者、游客和潜在游客更加了解游客对广西旅游服务质量的满意程度，笔者从游客体验真实性、游客感知价值、游客满意度3个维度开展广西游客满意度调查研究，并完成了本书。

　　本书共8章。第1章介绍了研究的选题背景与研究问题、研究目的与意义、研究对象、研究方法、研究思路、研究内容及创新之处。第2章介绍了游客满意度相关文献回顾，涵盖旅游、游客体验真实性、游客感知价值、游客满意度等内容。第3章介绍了开展本次游客满意度调查研究的理论基础，包括情绪评价理论、积极情绪扩展和建构理论、道德判断的社会直觉理论。第 4 章提出了本次研究的变量与测量量表，变量主要包括游客感知价值、游客满意度、游客行为意向等。第 5 章分析了游客体验真实性对满意度的概念模型、各变量之间的关系及相关假设。第 6 章通过问卷调研、数据分析、信效度检验、模型适配检验等过程，对理论模型的合理性进行了检验，讨论了游客体验真实性对游客感知价值的影响、游客感知价值对游客满意度的影响、游客体验真实性对游客满意度的影响、游客感知价值的中介作用等问题。第 7 章根据前文结论，结合影响广西游客满意度的因素，站在旅游目的地管理者的立场上，分别从激励因素、保健因素两方面分析游客满意度提升策略。第 8 章阐述了本研究的研究结论和展望，以实证分析结果为依据对开发旅游产品、提高营销管理有效性提出合理建议，总结研究贡献，分析研究局限及做出未来研究展望。

我国旅游业发展迅速，我们需要以更加宽广的视野从事旅游研究。学界已有不少国内外学者在旅游、旅游真实性、游客体验真实性、游客感知质量等领域进行了深入研究与探讨，也形成了丰富的研究成果。在本次研究及本书撰写过程中，笔者参考和借鉴了许多国内外相关领域的书籍及文献，在此向相关作者表示由衷的感谢！

笔者真切希望本研究成果能够对广西的旅游发展有所帮助，也由衷地期待有更多的专家、学者关注广西旅游业发展。希望本书对提高游客满意度的理论研究与实践具有一定的参考价值。

在本书的研究和编写过程中，得到了广西游客满意度项目、广西高校中青年教师科研基础能力提升项目"大数据背景下广西智慧旅游问题与发展对策研究"（批准号：2021KY0805）、"积极心理学在大学生心理健康程度分析中的实施路径研究"（批准号：2023KY1707）共同资助。同时，得到了广西相关地市文化和旅游行政管理部门及桂林旅游学院等单位领导及同仁们的大力支持和协助，在此一并表示真挚的感谢！

由于笔者水平有限，时间仓促，书中难免存在疏漏与不妥之处，恳请广大读者与同行批评指正。

目 录

第1章 导 论 ... 001

1.1 选题背景与研究问题 ... 001
- 1.1.1 选题背景 ... 001
- 1.1.2 研究问题 ... 003

1.2 研究目的与研究意义 ... 006
- 1.2.1 研究目的 ... 006
- 1.2.2 研究意义 ... 007

1.3 研究对象与研究方法 ... 010
- 1.3.1 研究对象 ... 010
- 1.3.2 研究方法 ... 010

1.4 研究思路与研究内容 ... 011
- 1.4.1 研究思路 ... 011
- 1.4.2 研究内容 ... 012

1.5 本研究创新之处 ... 013

第2章 相关文献回顾与评述 ... 015

2.1 旅游文献综述 ... 015
- 2.1.1 旅游的概念 ... 015
- 2.1.2 旅游真实性研究 ... 016
- 2.1.3 旅游理论应用研究 ... 019

2.2 游客体验真实性文献综述 ... 023
- 2.2.1 游客体验真实性的概念 ... 023
- 2.2.2 游客体验真实性的维度研究 ... 024
- 2.2.3 游客体验真实性的影响研究 ... 029

2.3 游客感知价值文献综述 ·· 031
      2.3.1 游客感知价值的概念 ·· 032
      2.3.2 游客感知价值的维度研究 ···································· 034
      2.3.3 游客感知价值的影响研究 ···································· 037
  2.4 游客满意度文献综述 ·· 039
      2.4.1 游客满意度的概念 ·· 039
      2.4.2 游客满意度的影响研究 ······································ 040
      2.4.3 游客满意度的测评研究 ······································ 044
  2.5 文献评述 ··· 046

第3章 理论基础 ··· 049
  3.1 情绪评价理论 ·· 049
      3.1.1 情绪评价理论的概念 ·· 049
      3.1.2 情绪评价理论的评述 ·· 051
  3.2 积极情绪扩展和建构理论 ·· 054
      3.2.1 积极情绪扩展和建构理论的概念 ······························ 054
      3.2.2 积极情绪扩展和建构理论的评述 ······························ 057
  3.3 道德判断的社会直觉理论 ·· 059
      3.3.1 道德判断的社会直觉理论的概念 ······························ 059
      3.3.2 道德判断的社会直觉理论的评述 ······························ 060

第4章 研究的变量与测量量表 ··· 064
  4.1 变量的定义 ·· 064
      4.1.1 游客感知质量的概念 ·· 064
      4.1.2 游客感知质量的操作化定义 ·································· 068
      4.1.3 游客感知价值的概念 ·· 069
      4.1.4 游客满意度的概念 ·· 070
      4.1.5 游客行为意向的概念 ·· 071

4.2 "基于需要的游客感知质量"量表的编制 ·············· 071
4.2.1 深度访谈 ·············· 072
4.2.2 "基于需要的游客感知质量"量表的探索性因子分析 ······ 077
4.2.3 测量量表的编制 ·············· 090

第5章 概念模型与研究假设 ·············· 094
5.1 游客体验真实性对满意度的概念模型 ·············· 094
5.2 各变量之间的关系及相关假设提出 ·············· 096
5.2.1 游客体验真实性与游客感知价值关联假设 ·············· 096
5.2.2 游客体验真实性与游客满意度关联假设 ·············· 099
5.2.3 游客感知价值与游客满意度关联假设 ·············· 101
5.2.4 游客感知价值中介作用分析 ·············· 103
5.2.5 游客涉入度的调节作用分析 ·············· 104

第6章 实证研究与结果讨论 ·············· 106
6.1 正式调研与样本描述 ·············· 106
6.1.1 样本的数据收集 ·············· 106
6.1.2 样本的描述性分析 ·············· 108
6.2 信度与效度分析 ·············· 111
6.2.1 信度分析 ·············· 111
6.2.2 效度分析 ·············· 115
6.3 模型适配检验 ·············· 123
6.3.1 初始模型构建 ·············· 123
6.3.2 模型评价 ·············· 124
6.3.3 路径分析与假设检验 ·············· 125
6.3.4 中介效应检验 ·············· 127
6.3.5 调节效应检验 ·············· 129
6.4 研究结果讨论 ·············· 137
6.4.1 游客体验真实性对游客感知价值的影响 ·············· 137

6.4.2 游客感知价值对游客满意度的影响 ………………………… 138
6.4.3 游客体验真实性对游客满意度的影响 ……………………… 139
6.4.4 游客感知价值的中介作用 …………………………………… 141
6.4.5 控制变量的影响 ……………………………………………… 142
6.4.6 涉入度的调节作用 …………………………………………… 142

第7章 广西游客满意度的提升对策 …………………………………… 144

7.1 旅游目的地管理者在激励因素方面应采取的对策 ………… 144
7.1.1 环境方面应采取的对策 ……………………………………… 144
7.1.2 游览方面应采取的对策 ……………………………………… 147
7.1.3 餐饮方面应采取的对策 ……………………………………… 148
7.1.4 娱乐方面应采取的对策 ……………………………………… 149
7.1.5 旅游目的地整体形象方面应采取的对策 …………………… 150

7.2 旅游目的地管理者在保健因素方面应采取的对策 ………… 152
7.2.1 住宿方面应采取的对策 ……………………………………… 152
7.2.2 交通方面应采取的对策 ……………………………………… 153
7.2.3 购物方面应采取的对策 ……………………………………… 154
7.2.4 氛围方面应采取的对策 ……………………………………… 155
7.2.5 旅游相关服务方面应采取的对策 …………………………… 156

第8章 研究结论和展望 …………………………………………………… 158
8.1 研究结论 …………………………………………………………… 158
8.2 研究贡献与管理启示 …………………………………………… 160
8.2.1 研究贡献 ……………………………………………………… 160
8.2.2 管理启示 ……………………………………………………… 161
8.3 研究局限与未来展望 …………………………………………… 164
8.3.1 研究的局限性 ………………………………………………… 164
8.3.2 未来研究展望 ………………………………………………… 166

参考文献 …………………………………………………………………… 168

第 1 章 导 论

当前，旅游业已成为我国国民经济的战略性支柱产业，其对提升国民生活幸福指数具有重要的意义。发展全域旅游有利于提升旅游业现代化、集约化、品质化、国际化水平，更好满足旅游消费需求[①]。然而，我国现阶段旅游业发展状况与游客需求存在较大的差异，如文旅产品供给不足、市场秩序不够规范、旅游市场机制不完善等，阻碍了旅游业的进一步发展。旅游市场开发需要锚定游客满意度，有的放矢地设计科学合理的开发方案。为此，本研究以广西旅游产业为研究对象，深入探究游客满意度与区域旅游产业发展之间的复杂关系，从而为全国旅游开发提供有效的区域经验。

1.1 选题背景与研究问题

1.1.1 选题背景

1. 广西旅游市场地位日趋上升

从 21 世纪初开始，全球范围内旅游业蓬勃发展，我国旅游业也顺应潮流，迸发出强大的生命力，迎来了大众旅游时代。在这种情况下，独具特色、能展现地方风采的广西旅游得到了人们的喜爱，广西旅游掀起热潮。Smith（1977）指出，广西旅游吸引大量游客的原因，包括人文特色浓郁、地域风采鲜明、原创性强等，这些特征的存在能满足游客的精神需求。广西拥有多样化的少数民族文化，将其融入旅游业中，在旅游业蓬勃发展的同时，这些少数民族文化也能得到有效保护，有利于不同民族间文化交流的顺畅进行。

---

① 参见《国务院办公厅关于促进全域旅游发展的指导意见》（国办发〔2018〕15号）。

"十二五"时期，在原国家旅游局的引领下，广西旅游的发展备受重视，伴随精准扶贫工作自上而下推进，发展迅速。现阶段，供给侧结构性改革进程不断推进，要坚守发展与生态这两条主线，基于少数民族旅游目的地丰富的历史文化、独特的生活习俗发展旅游业。

2. 游客对广西旅游的"真实性"诉求日益强烈

广西掀起旅游热潮，源于外地游客产生了追求"异文化"的需求，客源所在地与广西文化之间存在的显著差异成为广西旅游业发展的巨大动力。广西不同于其他地区，其特色体现在多样化的风俗习惯中。对于外地游客而言，广西旅游有着较强的"真实性"，正好可以满足人们缓解压力、领略异域文化风采以及在繁忙的工作中体验返璞归真的心理需求。在我国经济昂首阔步向前的过程中，广西地区起步总体较晚，民族特色得到了较好保存，而外地游客却对这些神秘、古老的文化特色心驰神往，在他们眼里，广西的传统习俗、文化活动原汁原味，能让自己获得真实的体验。我国少数民族数量众多，每个民族都形成了与众不同的文化。都市人生活节奏快，看惯了时尚与匆忙，希望能远离尘世的喧嚣，获得独特的感受。广西有着秀丽的风光、丰富的动植物资源、多样化的饮食文化、原汁原味的民俗风情，吸引了大量游客。但是在旅游市场中，许多活动只是把"民俗、民族、体验"当成口号，并不能真正展现民族特色。例如：海南黎族竹竿舞和广西壮族竹竿舞的表演如出一辙，游客根本分不清；"民俗婚礼"千篇一律，游客通过这样的旅游产品根本无法感受到民族文化的独特性。此外，在上海、新疆等地也能买到广西旅游纪念品，这些亦真亦假的民俗和纪念品给游客造成了困扰。我看到的民俗究竟属于哪个民族？是否能真实地体现民族特色？游客最为渴盼的就是在广西旅游能充分感受真实性。旅游产品同质化，资源开发急功近利，广西旅游在蓬勃发展的过程中，商品化、市场化的现象越来越突出，民族文化处于边缘。笔者在广西学习、工作十余年，目睹了广西旅游在发展中无法体现出"真实性"，又在努力探寻"真实性"。

3. 广西旅游真实性方面实证研究亟待丰富

以往针对"旅游目的地真实体验"的实证分析，国际上普遍关注于文化遗产地（例如 Kolar 等，2010 年；Bryce 等，2015 年；易小力等，2017 年），广西旅游板块（Li 等，2012 年），以及历史街区和民俗村落（Cho，2012 年）等几个领域。

在国内的研究中，更多的焦点则放在文化遗产地（陈享尔等，2012 年）和历史街区（廖仁静等，2009 年）上。这主要是由于文化遗产地的历史与文化经过长时间的积淀，形成了稳固的基础，其真实感较为直观。但只有那些能够展现真实性的广西旅游产品，才能吸引大批游客，比如，游客到访广西的主要目的是为了深入了解其独特的文化。因此，在促进广西旅游业的发展中，确保真实地展现本地的少数民族文化特色至关重要。基于这一情况，本研究的重点将不再集中在游客对广西的文化遗产和历史街区的具体体验上，而是转向对广西作为重要旅游目的地的全面分析和深入研究。

1.1.2 研究问题

在对游客满意度进行研究之前，学界已经对顾客满意度进行了深入分析。20 世纪 60 年代，就有学者尝试着分析顾客满意度。Gardozo（1964）分析在顾客满意度形成过程中，产品绩效、期望差异能发挥出何种作用，并把"满意度"这一概念运用于营销领域，认为顾客行为能因为其满意度的提升而发生积极改变。后来，越来越多的学者运用期望差异理论对游客满意度这一概念做出合理解释。Oh 和 Parks（1997）从总体上分析了哪些理论对游客满意度研究具有支撑作用，共梳理为 9 种理论，而运用率最高的就是期望差异理论。我国学术界对游客满意度的研究始于 20 余年前。2003 年，原国家旅游局下发《旅游景区质量等级的划分与评定》（GB/T 17775—2003），成为旅游景区质量评定的依据。文件指出，在对旅游景区质量进行等级划分时，将游客抽样调查满意度作为重要尺度。自此以后，越来越多的景区管理者意识到只有赢得游客满意才能赢得市场，学界也逐渐开始了这方面的研究。

2018 年 6 月，广西壮族自治区旅游发展委员会正式向外界发布信息，把广西壮族自治区 62 个县级单位纳入自治区级全域旅游示范区创建单位名单，占比达到了 55.86%[①]。2019 年，广西阳朔县和金秀瑶族自治县上榜文化和旅游部公示的首批国家全域旅游示范区名单。在 2020 年，广西的兴安县、融水苗族自治县以及东兴市被列入了文化和旅游部公布的第二批国家级全域旅游示范区的名单之中。截至 2023 年，广西共建成 31 个广西全域旅游示范区和 8 个全域旅游示范市，占比分别达到了 33.33%、57.14%，足以体现出，广西旅游迎来了全域旅游发展的新时期。在新的发展形势下，游客对广西旅游提出了怎样的诉求？怎样才能持续提升游客满意度？本研究将围绕这些内容进行分析，提出合理建议。

根据广西旅游科学研究所对全区 14 个设区市和 32 个广西特色旅游名县（含创建县，以下简称特色县）的游客满意度调查结果，2018 年第二季度 14 个设区市的游客综合满意度指数平均值为 81.40，32 个特色县的游客综合满意度指数平均值为 81.23。从问卷满意度、网络舆情满意度和投诉与处理满意度三大二级指标来看，14 个设区市的指数平均值分别为 75.33、91.57、89.41；32 个特色县的指数平均值分别为 74.95、91.76、89.57。可见，无论是设区市还是特色县，二级指标中的问卷满意度值相对较低，网络舆情满意度值相对较高。从纵向比较分析看，14 个设区市游客综合满意度指数平均值 2015 年第三季度为 79.11，2018 年第二季度为 81.40，3 年时间提高了 2.29 个百分点，提升比例为 2.89%；特色县的游客综合满意度平均值 2015 年第三季度为 80.09，2018 年第二季度为 81.23，3 年时间提高了 1.14 个百分点，提升幅度为 1.42%[②]。可见，无论是 14 个设区市，还是 32 个特色县，其游客满意度指数在 3 年时间内均有所提升，总体上从"基本满意水平"上升到"满意水平"。这充分反映了广西特色旅游名县和全域旅游示范区的"双创"成效。

[①] 莫岚远.自治区级全域旅游示范区创建单位名单公布[N].南宁日报，2018-6-5（1）.
[②] 广西旅游科学研究所.广西游客满意度调查报告（2018 年第二季度）[R].桂林：广西旅游科学研究所，2018：1-3.

能否赢得游客的认可与满意是旅游目的地在可持续发展过程中需要重点关注的内容。滨海旅游具有鲜明特色，优越的生态环境吸引了无数游客。从现阶段情况看，滨海旅游地在我国实现了突飞猛进的发展，但在旅游业发展的过程中，却没有及时有效地保护好自然与社会环境，严重制约了旅游目的地的发展。在游览过程中，游客会根据自己的感知对目的地给出满意度评价，这种评价对其是否会把这里介绍给亲朋好友或是重游产生直接影响。李永乐等（2007）指出，文化遗产旅游目的地能否实现良好发展，可以通过游客感知与偏好进行预测。深入分析游客对旅游产品、住宿、服务、娱乐等的需求与偏好，建议平遥古城在发展旅游过程中不仅要保护遗产原真性，也要从更深层次进行体验设计，进一步凸显地域特色，对当前旅游市场中的乱象进行整顿，使文化遗产旅游业实现快速发展。余意峰（2010）提出，初次到访的旅游者与多次前往的旅游者构成了两类不同的旅游群体，他们的旅游体验存在显著差异。通过对比分析这两类游客对旅游目的地环境感知和体验的情况，能够看出，在整体环境吸引力上，重游者的感知要远强于初次到访者；而在观光体验的吸引力感知上，两者之间的差异并不显著。仇梦嫄（2013）重点对南京夫子庙这一旅游地的游客满意度进行了分析，重点关注景区在景观属性方面的游客满意度，发现游客的满意度与景区环境属性有直接联系。进一步了解到，景区要想获得良好的游客满意度评价，环境感知显得尤为关键。

孙洁等（2014）以花卉旅游目的地为研究案例，重点分析了游客满意度与感知价值的关系，为游客忠诚度分析构建了结构模型，探明薰衣草旅游价格、服务、主题产品等元素对游客感知造成的影响，以及与游客忠诚度之间的关系。在陈素平等（2019）的研究中，把康养旅游当作研究对象，主要探讨了游客对旅游目的地形象的认识。他们发现，大部分游客对康养活动持有积极的态度，游客对康养旅游目的地形象的感知受到正面情感的影响，并且愿意主动向他人推荐旅游产品。路璐等（2018）选取滑雪旅游地为研究样本，对游客的满意度、行为表现以及感知价值之间的关联进行了实证研究。结果显示，不同满意度的滑雪游客在感知价值上存在差异，进而导致了不同的行为倾向。这表明，在价值与行为意向之间的关系中，满意度起到了中介作用。在王钦安等（2019）的研究中，对游客对红色旅游目的地的满意度进行了深入探究，并分析了这种满意度对游客后续行为的影响。研究发现，游客在某些感知方面的正面评价能够积极促进其后续行为，尤其是那些满意度较高的游客，他们的再次旅游意愿和推荐意愿都相对较强，两者之间呈现出正向关联。考虑到广西红色文化资源分布呈现"多中心、小分散"的格局，且具有"西北密集、东南稀少"的特点，因此提出了四种旅游开发模式：基于空间的中心外围模式、基于产业的融合开发模式、基于渊源的联动开发模式，以及多元主体参与的政府主导、社区参与和市场推动相结合的模式①。

综上所述，越来越多的学者对游客感知进行了深入分析，撰写了大量文献资料。产业界也开始对游客感知进行研究，并将此作为发展的依托。过往研究在构建模型或组织问卷调查中都没有突显问题导向性，针对性也有欠缺，仅分析了对经济、环境造成的影响，却忽略了从社会环境与文化层面入手分析游客感知影响。此外，站在游客立场上分析游客感知及其他影响因素的相关文献并不多。本研究从游客感知视角出发，调查游客对广西旅游产生了怎样的感知，意在了解游客满意度，分析其与忠诚度之间的联系。

1.2 研究目的与研究意义

1.2.1 研究目的

在对游客体验与满意度进行研究的过程中，学者们对实证分析予以重视，将游客忠诚度、体验真实性等作为关注重点，但并没有学者从不同维度

---

① 欧阳舒静，邹芷嫣，张浩，等．广西红色文化资源空间格局及旅游开发模式[J]．资源开发与市场，2022，38（7）：876-882．

入手对游客体验真实性进行分析，也没有把握住游客体验真实性在对满意度产生影响时，感知价值的各个维度发挥了怎样的作用。虽然 Lee 等（2015）在研究中同时关注了游客的感知价值、真实感知、满意度，研究内容及重点与本研究具有相似之处，但也存在显著差异。本研究的目的如下。

① 通过运用探索性因子分析的方法，明确游客在广西旅游过程中所体验的真实性涵盖哪些维度。借鉴国内外文献资料，与游客进行深度访谈，编制能测评游客体验真实性的合理量表，开展探索性因子分析，明确广西旅游游客体验真实性的构成。

② 探讨游客满意度的形成机制，分析体验真实性各个维度对其的影响。构建一个研究框架，提出一系列假设，借助结构方程模型进行实证检验，得出各维度对满意度的具体影响系数，并对此进行细致分析。

③ 探究游客体验真实性以怎样的机制影响其满意度，建模分析感知价值在两者之间的影响中发挥着怎样的作用，为旅游产业在发展中强化游客体验真实性带来依据。以广西旅游游客体验真实性为切入点，将感知价值 3 个维度设定为中介变量，分析游客体验真实性是以怎样的机制影响满意度的，对旅游目的地企业管理提供指导，促进其可持续发展。

1.2.2 研究意义

1. 理论意义

（1）丰富了广西旅游体验真实性的"主体"研究

对旅游体验进行分析，游客是"主体"要素，离开了众多游客的参与，旅游活动则无法开展。在对旅游体验进行分析时，若忽视了游客这一核心因素，那么任何研究都将失去其存在的价值。在旅游业的蓬勃发展时期，体验型经济迎来了迅猛的扩张，广西旅游凭借着古老而神秘的民族文化、较强的参与性、独特的娱乐性等吸引了大量游客，在旅游体验之中，民族旅游体验的重要性愈发凸显，广大学者也充分意识到，不能只是要求游客被动地接受旅游产品，而要将游客作为旅游研究与管理的主体部分。特别是随着"舞台真实性"概念的兴起，学术界涌现了一股以游客视角为基础，对旅游真实性进行深入探讨的热潮，与此同时，广大游客也会对不同旅游目的地给自己带来的旅游体验进行对比。在与旅游目的地进行互动时，由于社会距离、行为习惯、文化差异等方面截然不同，在广西旅游社会构建中，对"真实性"的质疑一直存在。经过对比，历史街区、文化遗产旅游真实性有可以参照的标准，衡量比较简单。广西旅游业因不同的历史文化资源表现出不同的特征，因为旅游资源绝不只是一种物质资源，也是精神文化的传播载体。可见，在对广西旅游真实性进行研究时，"旅游主体"视角能促进体验真实性研究的拓展与延伸，成为重要的研究主题。

（2）感知价值的中介作用检验

多数学者在研究中，充分意识到旅游体验真实性与满意度之间是有关联的，却忽略了在真实性与满意度之间存在着哪些中介因素。为了弥补这一空白，本研究把感知价值确定为中介变量[1]。前往广西旅游时，游客遇到了一系列真实问题，其会对此产生怎样的反应，在主观感知方面有怎样的差异，以怎样的策略应对……在对广西旅游体验进行研究时，这些都是研究的重点。部分文献资料已经明确指出旅游体验真实性会积极影响到满意度。Kolar等（2010）对文化遗产旅游地的游客进行调查与分析，得出了同样的结论。可见，在对广西旅游进行研究与分析时，需要谨慎地考虑能否直接运用与民俗村、文化遗产等有关的研究成果。在对广西旅游游客体验真实性与满意度的关系进行细致分析时，本研究将感知价值作为一个重点考虑因素，也将深入分析在两者之间是否存在着另外一些能产生较强影响力的因素。

2. 实践意义

（1）对广西旅游"真实性"诉求的回应

我国旅游业在散客时代实现了快速发展，广西旅游目的地在经营管理过程中最为关注的就是保证客源丰富性与稳定性，离开了游客，旅游产业

---

[1] 戴其文，代嫣红，陈泽宇，等. 民宿旅游者感知价值、满意度与忠诚度研究 [J]. 地理与地理信息科学，2023，39（4）：138-144.

的发展无从提起，通过旅游实现脱贫也将无法实现。从 2015—2019 年广西 14 个设区市的年度经济数据来看，广西旅游业与地方经济发展的同步性指数表现出"起伏不定，年度间波动明显"的特点，其区域旅游产业时空演化呈现出拮抗耦合状态，在不同地区的旅游业发展状况中，整体水平大致相当，"南宁、柳州、钦州、贵港以及玉林等城市的旅游产业增速未能跟上经济增速，而桂林的旅游产业则表现出较经济发展更为突出的增长势头，其他城市的旅游产业与经济的增长趋势基本保持一致"[①]。广西的旅游业正迎来快速发展的新局面，在这种形势下，外来文化对广西民族文化造成了一定的冲击，导致游客对旅游目的地的文化认知发生了改变。由于游客认知有所不同，对广西旅游做出了不同的评价，对广西旅游的满意度也会受到影响。可见，在对广西旅游游客体验真实性进行分析时，要将游客作为重要主体，要了解游客的"心声"，以旅游促进跨文化交流的发展，发挥对广西旅游地文化的弘扬作用，以便在开发旅游资源时采用更有效的方法。研究广西旅游游客感知会受到哪些因素的影响，也可以为游客决策提供参考依据。

（2）促进广西旅游目的地的发展

正因为广西旅游产品中的一部分得到了游客的青睐与认同，旅游业才能在广西实现发展。经调查了解到，广受欢迎的旅游项目涵盖了观光游、文化游、乡村游以及生态游等多种类型，如果游客建立了错误的感知，或是在感知方面达不到预期，就会对旅游地感到失望，而且将无限放大这种不良情绪。广西旅游不同于其他地区的旅游，要引领游客与当地居民在文化、风俗等方面进行深度交流，逐渐消除社会距离，就需要提升游客的旅游真实性体验。广西旅游当前处于升级转型之中，要对游客的感知状态有足够的把握，使游客能对广西旅游产品的少数民族文化特色建立正确认知，意识到在不同的历史时期，少数民族的习俗、文化等都会发生改变，不可能固守不变。笔者以自己了解较深的广西地区旅游业作为研究对象，以期为广西旅游发展带来启

[①] 黄荣娟，韦福巍. 广西旅游产业与区域经济耦合协调发展的时空演变特征研究 [J]. 西北师范大学学报（自然科学版），2022，58（6）：86-92+115.

迪与借鉴。丰富游客对广西旅游的认知，引领游客对多样化偏好产生正确的理解，使旅游目的地能根据游客体验真实性做出合理的发展决策、展开营销活动，使广西地区在发展旅游业的过程中，利益相关者能明确哪些因素将影响游客真实体验，消除或是规避不良因素，放大有利因素的作用，从理论层面为广西旅游发展提供指导，实现游客满意度的提高。

1.3 研究对象与研究方法

1.3.1 研究对象

本研究以到广西旅游的游客为研究对象，采用简单随机的方式选择部分游客填写纸质问卷。为确保抽取的样本具有良好的代表性，应选择游客数量较多、能充分展现民族特色的地区。由于前期分析广西旅游景区游客满意度的影响因素时发现文化差异明显的游客对旅游的评价也有所不同，在汇总与分析数据时会出现偏差，因此本研究只对国内游客进行调研。对通过访谈与问卷调查获得的数据实施定性与定量分析，研究游客体验真实性以怎样的机制影响满意度、感知价值，以期从理论层面向旅游企业管理者提出合理建议。

1.3.2 研究方法

旅游学科具有跨学科的特征，不能只是运用某一种方法进行研究。本研究结合具体情况，运用了多样化研究方法，在此逐一介绍。

1. 文献研究法

本研究运用文献研究方法，围绕广西旅游发展、体验真实性、满意度等收集文献资料，且运用多种文献检索工具，进行文献评述。在研究中，主要从万方数据、中国知网、EBSCO等检索平台收集国内外期刊、专著等文献资料，梳理与游客体验真实性有关的文献。

2. 问卷调查法

通过问卷调查法了解游客意见，为建模与检验提供数据依据。具体而言，参照既有研究中的相关问卷，结合深度访谈了解到的情况设计测量量表，组织预调研活动，以保证量表的信度与效度，对调研问卷进行修订，得到正式问卷，再实施大规模调配，为实证分析带来数据方面的依据。

3. 深度访谈法

深度访谈法指在温馨而愉悦的氛围下进行无结构交流，其最大的优势就是在交流过程中能通过游客的神态、语气等了解其真实想法。在访谈之前拟定提纲，本着全面了解的原则，从各个维度设计问题，按照实际交谈情况，灵活提出问题，与部分游客进行交流，在这一过程中也能对问卷填写的真实性做出评判。本研究通过这种方式为编制高质量的测量量表提供依据。

4. 实证分析法

通过预调研的方式收集了部分数据，对其进行梳理与汇总，将其录入SPSS 25.0软件，从信度与效度两方面进行检验，把题目中不合理的部分剔除，留下有价值的部分，对问卷数据是否有代表性、采用的方法是否精准进行分析。运用 AMOS 23.0 软件对潜变量与观测变量的路径进行分析。采用多元回归的方法判断是否形成了显著的调节效应。

1.4　研究思路与研究内容

1.4.1　研究思路

在明确本研究研究内容与方向的基础上，围绕几个关键变量收集文献，包括游客满意度、体验真实性等。细致研读与梳理相关文献，明确研究对象，抓住核心问题，找到理论支撑，从整体上创建概念模型，对本研究中涉及的几个相关变量之间存在着怎样的联系从理论层面提出假设；以文献综述为支撑，组织深度访谈，结合广西旅游目的地发展情况，为游客体验真实性编制测量量表，组织预调研。基于从预调研中得到的数据，对预编制的问卷展开信度和效度分析，通过对问卷题项的调整，来提高量表的可靠性和合理性，进而编制正式量表。组织正式调研活动，汇总问卷数据，分别录入SPSS 25.0和AMOS 23.0软件，对前期提出的假设是否成立进行验证；总结本研究得出的结论，结合客观情况指明存在哪些欠缺，为下一步深入研究找到努力的方向。

1.4.2 研究内容

结合广西旅游的特征和发展实际，按上述思路进行研究，形成了清晰的研究脉络。本书内容大致如下。

第1章，导论。总体介绍广西旅游当前的发展情况，明确指出在广西旅游可持续发展的过程中，真实性是一项重要因素，游客在广西旅游的过程中能否有较高的满意度，关键取决于是否对旅游地建立了真实性体验。此外，阐述了本研究的提出背景、所要解决的问题，并明确了研究的主体对象，进行了概念界定，为下一步细致分析做好铺垫。

第2章，相关文献回顾与评述。结合过往研究中得出的结论，指明在本研究中运用了哪些既有理论，在相关文献的支撑下找到课题研究的切入点。

第3章，理论基础。运用文献研究法，对与旅游体验真实性、游客满意度等有关的文献资料进行分析，提取可以运用的部分，为探明旅游体验真实性如何影响游客满意度构建了理论模型，提出了研究假设。

第4章，研究的变量与测量量表。结合前文提出的问题组织问卷调查，也与部分游客进行了深度访谈，为广西旅游游客体验真实性调研编制量表。在此基础上，为本研究确定其他变量，为分析游客满意度、涉入度、感知价值等编制量表，在小样本测试的基础上进行调整，形成正式问卷。

第5章，概念模型与研究假设。组织问卷调查活动，对获得的数据展开描述性分析，采用SPSS 25.0和AMOS 23.0软件进行信度和效度检验，进一步探明理论模型是否合理,并对发现的问题进行修改,确定在游客体验真实性影响满意度过程中,感知价值产生了中介作用,并检验了涉入度的调节效应。

第6章,实证研究与结果讨论。运用结构方程模型对调研数据进行实证分析,对得出的结论进行总结,也指明了下一步的研究应该从哪些方面入手。

第7章,广西游客满意度的提升对策。基于前文结论,站在旅游目的地管理者立场上分析问题,针对性地提出游客满意度的提升建议。

第8章,研究结论和展望。梳理本文主要结论,指明存在的局限性,展望后续研究有着怎样的空间。

1.5 本研究创新之处

本研究的创新之处主要体现在以下几个方面。

1. 游客体验真实性测量量表的编制

以往的研究者为了探究游客体验的真实性,编制了相应的测量工具。其中,一部分量表是在借鉴国外旅游产业发展的经验基础上设计的,而另外一些量表则是专门针对文化遗产类旅游项目进行开发的。由于广西旅游具有较强的特殊性,目前没有可以直接使用的成熟量表。所以,本研究以文献综述为基础与一定数量的游客进行深度访谈,立足于广西旅游的发展情况编制了能对游客体验真实性做出合理评价的量表,对小样本测试得到的数据进行信度与效度检验,对量表的合理性予以肯定。

2. 构建并验证了游客体验真实性对游客满意度的理论模型

通过多角度的研究分析,发现感知价值和满意度均受到游客体验真实性不同层面的影响,其影响力度各有差异。在这些影响因素中,感知价值扮演了中介角色的作用。

3.将游客涉入度作为调节变量分析感知价值对满意度的影响

基于相关理论框架,本研究将涉入度设定为调节变量,旨在探讨游客感知价值与满意度之间的关联性,并分析涉入度在这两者关系中的作用。研究发现,在评估感知价值对满意度的影响过程中,涉入理论与感知理论能起到有效的解释作用,游客满意度理论体系中的不足得到了弥补。

第 2 章　相关文献回顾与评述

本研究充分考虑广西旅游的特殊性,围绕"游客满意度"这一核心展开。在研究中广泛收集了国内外文献资料,界定了一系列重要概念,包括游客感知价值、体验真实性等,从总体上介绍了广西旅游的发展情况,指明了测量维度及课题研究能产生怎样的影响,为课题的深入推进做好理论准备。在对文献资料进行梳理的过程中,既选择经典理论,也注意提高研究层次与前沿性,围绕研究主题对文献资料进行评述。

2.1　旅游文献综述

2.1.1　旅游的概念

民族[①]旅游在旅游产业的发展中备受关注,是学界研究的主要课题。广西旅游被国内外学术界广泛研究,研究初期,Smith(1977)的研究结果最为典型,他提出,广西的旅游业实际上是一种"把本土居民的异域风情以及传统的民风民俗展示给游客"的活动。鉴于学者们在文化背景和研究路径等方面存在显著差异,国际上的研究人员对于广西旅游的命名也呈现出多样化的特点,其中许多学者倾向于将其称作"土著旅游"或"原住旅游"(Lemelin et al., 2015)。在我国学者对广西旅游进行探讨的过程中,他们同样给予了这一领域多种不同的称谓,例如"民俗旅游""民族区域旅游"等,尽管这些概念名称之间存在着明显的差异,但本质与意义具有高度相似性(陈刚,2012;李菲,2018)。从总体上看,国内外学者一致认为在广西旅游

---

① 本研究所说的"民族"并非指所有民族,而是指一个国家或区域的少数民族。

发展过程中，广西旅游业充分利用了民族地区的资源优势，也向游客展示了民俗文化产品，以此满足游客需求。潘盛之（1997）把广西的旅游活动概括为：游客与旅游目的地的人民分属不同的民族，并在各自独特的文化环境中得到了熏陶，在旅游活动过程中互相交流的旅游形式，具有跨文化与跨民族的特征。马晓京（2000）指出，广西旅游不仅向游客展示了少数民族的生活习俗，也把东道主的身份当成一种重要的旅游资源，在开发旅游产品过程中不仅保护了自然生态资源，也传承了民族文化。Bruner（2001）指出，广西旅游就是把一些有着强烈民族认同感、身份特征鲜明的部落与地区展现在广大游客面前的过程。刘晖（2006）指出，广西旅游不仅带领游客领略优美的自然风光，也向他们展现特色化的民风民俗，使游客能在广西停留的时间更长，在观光旅游的过程中获得精神满足。王静（2004）指出，广西旅游就是把独具广西风情的自然风光、手工艺品等展现在游客面前的旅游活动。李旭东（2006）指出，广西旅游是多样化的旅游商品的统一体，包括民俗风情、生活氛围、民间歌舞、传统工艺品等。当前在对广西旅游进行命名时，国内外学者有明显区别，但在对广西旅游的特征进行表述时大致相同，都意识到广西旅游具有较强的特殊性。多数学者认为，广西旅游涉及许多少数民族，这些少数民族文化习俗都是广西旅游的重要构成要素，深深地吸引着广大游客。因此，本研究将广西旅游定义为游客到少数民族居住地了解当地的生产生活方式，感受其文化魅力的旅游形式。

2.1.2　旅游真实性研究

广西旅游属于一种特殊的旅游形式，在旅游景观中，旅游目的地的居民的历史文化、生活习俗也是重要的构成元素。广西旅游近年来实现了快速发展，民俗文化的真实性是广大游客最为关注的。少数民族在长期发展中积累了漫长的历史、丰富的内涵，这不仅是一种物质符号，也是重要的精神符号，广西较好地保留了少数民族的原生态特色，让游客心驰神往。

科恩（2007）是著名的人类学家，在他看来，广西旅游的发展以观光旅游为基础，把这里独特的民俗文化等展现在游客面前，能够吸引游客。在广西旅游发展中，大量少数民族群众参与其中，这也是吸引游客的一大因素。民族产品商品化与真实性一直是学者关注的重点。商品化是指将与少数民族有关的全部事物进行包装售卖，不仅是对那些看得见摸得着的物品或者事件，也包含无形文化。但如果只是以增加销售量为目的，就会出现一系列虚假节目。在开放旅游过程中是否应该保证真实性，学者们提出了三种观点：一是真实性就是保留原始的样貌，不得对其进行改变，要对文化习俗的主体与客体提供保护；二是在历史的潮流中，文化习俗的存在形式不可避免地会发生改变，只要能保证内涵的真实性即可，这是一种灵活性较强的说法；三是在发展中必定会做出改变，例如少数民族的习俗会发生改变，在传统文化得以保留的前提下，要让文化在日常生活中焕发出强大的生命力，这是重要前提。

1. 旅游业的发展对广西旅游真实性是一种冲击

民族地区的许多文化习俗深深地吸引着外来游客，特别是手工艺、饮食文化、节庆活动等。多样化的民族文化是根基，也是灵魂，有着较高的旅游开发价值。在旅游业快速发展的当下，少数民族文化也受到了一定的影响。特别是广西旅游近年来发展迅速，各个地区都对旅游业的发展予以重视，为了满足游客需求，对原生态的民族文化进行调整，以表演形式展示，作为一种商品。为了获得丰厚的经济效益，当地旅游部门与群众向游客推销手工艺品，运用现代技术进行生产与加工，偏离了本质。Morinis（1992）认为，旅游业在发展的过程中，当地经营者为了增加经济收入，会把文化看作一种商品，在游客面前采用不同的方式表演。然而，有些地区在表演中却以不恰当的方式对民俗文化进行调整，过度渲染，满足游客猎奇心理。

2. 旅游业的发展对广西旅游真实性是一种保护

在旅游业快速发展的当下，商品化与真实性成为一对矛盾体。有些学者指出，旅游的发展有利于对传统文化习俗的保护。广西旅游商品化有一定的积极意义，因为所有参与文化表演的当地人，在表演过程中加深了民族自豪感。因此，要用发展的目光审视真实性。有些学者指出，广西旅游在发展中追求经济收入的提高，这是文化产品向着商品化方向发展的根本原因，破坏了文化的真实性。有学者认为文化遭到破坏，最根本的原因就是社会变迁，但外来游客并未对当地居民的生活造成过多干扰，当地居民也在努力寻找合理的与游客互动的方式。Picard 等（1997）指出，来巴厘岛旅游的游客中，多数都是为了欣赏当地的巴龙舞，当地人跳着古老的接神舞迎接来自远方的游客。在人们眼里，旅游已经融入当地文化之中，在文化发展进程中，旅游不是一种制约因素，而是一种有机构成。Cole（2007）在印尼东部调查时发现文化商品化属于"客位"[①]观点，许多因素都会冲击文化的真实性，在研究文化真实性方面，需要从政府、游客、居民三个层次入手。刁宗广（2015）认为，非物质文化遗产是促进旅游业发展的重要因素，通过充分挖掘和运用，不仅能够确保文化遗产的真实性得到妥善保护，而且还能为其注入创新的活力，创造更高的经济价值，两者绝非对立，而是相辅相成的关系。经由上述分析可知，真实性是一个同时有本体意义与存在意义的概念。本体论强调了追求真实性的重要性，但要在具体的环境中展开细致分析，因为游客在旅游中是一个会受到时间与空间影响的要素，无法在固有空间中找到本体真实性。在旅游管理与营销中，不能把真实性当成商业性的矛盾体，而要将其当成开发旅游产品的必要元素，要将两者进行整合（Apostolakis et al.，2007）。

　　旅游能够持续推动民族文化的发展，其繁荣为民族地区的经济发展和社会生活带来巨大影响，在一定程度上不利于民族文化真实性的保留。因此，广西旅游不应受本体真实性的制约，而要在特定环境中将其看作人的主观体验感知，对旅游产品进行检验，判断其是否与人们认知中的真实性相符。文化是民族生存的根基，文化真实性必须得到保护，但也要助推文化的发展，不能简单地把真实性看作落后。尽管商品化会影响文化真实性，但这种影响不可能持续太长时间。相反，旅游商品化能对濒危文化起到有效保护的作

[①] 客位（etic）：提高旁观者（通常指调查者）的地位，将其在描述和分析中使用的范畴和概念作为最终的判断。与客位（etic）相对的是主位（emic），即提高本地人中提供信息者（通常指调查对象）的地位，将其描述和分析作为最终的判断。

用。所以，广西在开发旅游产品时要理性面对真实性与商品化，辩证地分析两者的关系，找到契合点，在反映出民族文化真实性的同时，推动传统文化向前发展。

2.1.3 旅游理论应用研究

目前旅游理论的应用研究主要集中在以下几个方面。

1. 旅游利益主体分析

在探讨广西旅游业的发展过程中，可持续发展问题始终是一个核心的基本点，当前最重要的一点就是从维护民族利益视角出发全面了解广西旅游的发展情况，用更加灵活的方式对其复杂性做出解释。学者们一致认为，广西旅游在发展中有东道主、游客、旅游中介这三大主体（Li et al., 2012）。Moscardo（1999）以1500名曾游览过土著文化公园的澳大利亚游客为研究样本，经调查分析，将这些游客分为四大类：一是关系型游客，这部分游客愿意参与旅游目的地的各种活动；二是学习型游客，这些游客在旅游过程中不与当地居民进行沟通，不会对其造成影响；三是参与型游客，这部分游客通过旅游活动领略大自然的风光；四是猎奇型游客，这部分游客对旅游目的地的了解不深，产生了新奇感。Li和Wall（2009）对西双版纳旅游目的地的利益相关者进行分析，主要梳理为政府、企业、居民、游客四大类。同样外地游客到广西旅游的目的主要是领略这里的民俗风情，这在歌舞、工艺品、生活习惯等方面得到了充分体现。Lynch（2011）重点分析了外地游客对Mi'kmaw文化产生怎样的兴趣，发现旅游兴趣取决于多个要素，包括游客的年龄、学历、户籍地等。有些游客年龄比较大，不愿选择耗费太多体力的旅游活动，对一些耗费时间较长的旅游产品也不感兴趣；有些游客接受过高等教育，希望通过旅游了解民族文化。Trupp等（2017）对泰国的旅游发展情况进行分析，发现生产与销售传统手工艺品的人员基本是当地妇女。另外也有些学者指出，广西旅游能让少数民族妇女获得参与经济建设的机会（Tran, 2014）。肖琼（2009）认为，民族旅游城镇在发展过程中需要协调好多个利益相关者之间的关系，才能促进民族地区的发展。李乐京（2013）指出，在发展民族村寨过程中，具有较为复杂的利益关系，包括游客、政府、企业等主体，如果不能在其之间找到利益契合点，就会引发冲突。陈昕（2013）认为，推广旅游业不仅能够为当地居民带来更多的经济收益，也能让民族文化得到及时保护。在游客眼里，旅游目的地的居民本身就是旅游资源的组成要素。

2. 旅游资源开发模式研究

在当前的研究中，相当一部分学者认为民族文化资源保护问题要想得到彻底解决，不能只是依赖于民俗村、民俗博物馆等形式，只有解决好居民的产权问题，才能让广西民族文化资源得到良好保护，不仅能让当地居民获得更多的利益，也能更好地保护民族文化资源。黄亮等（2006）对西双版纳傣族园的经营模式进行分析，了解其在发展中形成了怎样的理念、要重点关注哪些要素，为发展少数民族村寨旅游带来了重要参考。任冠文（2006）指出，广西旅游在发展过程中要以立法的形式对怎样保护物质文化遗产做出明确规定，要对游客与当地居民进行宣传与引导，使他们为更好地保护文化遗产而付出努力。崔广彬等（2007）指出，在现有的旅游资源中，民俗文化扮演着关键角色。因此，我们必须对民俗文化进行深入挖掘和开发，既要助力当地居民实现脱贫致富，同时也要坚决保护好当地的生态环境。余青等（2001）指出，目前发展旅游和保护民族文化两者之间形成了矛盾，怎样才能在发展旅游的过程中妥善保护民族文化？这需要选择合适的保护与发展模式，生物博物馆建设应被提上议事日程。丁健等（2002）指出，民族旅游在发展过程中，如果以空间为关注点，可以分为原地与异地两种开发模式；如果以时间为关注点，可以分为短期与长期两种模式。尽管在旅游发展过程中民族文化的重要性已经引起了重视，但仍存在大量不能及时解决的问题，需要完善法律体系，妥善保护旅游资源。麻学锋等（2006）指出，凤凰县旅游资源在开发与利用过程中，政府要起到主导作用，企业不仅要摸索出合适的运作模式，还要得到全社会的支持与参与，创建一种开放化程度较高的发展模式。这种模式下，广西旅游不仅能顺应市场经济发展规律，还能体现出政府的引领作用，调动多样化的社会力量，共同为旅游业的发展付出努力。何景明（2010）指出，在民族村寨旅游发展中，西江千户苗寨为其他地区树立了标杆，选择哪一种开发模式，完全由东道主自主决定，旅游的发展尽管促进了文化发展，却不是根本原因，在民族地区发展旅游产业过程中，起到主导作用的是地方政府。Buultjens 等（2010）将到广西旅游的澳大利亚游客作为研究对象，分析这一群体与生态旅游之间的关系，广西旅游经营者认为自己在发展旅游业务时并没有做到"自主"，在认证生态旅游时需要支付较高的费用，认可的人数量不多，需要得到旅游企业的支持，稳固广西旅游与生态旅游的关系，提升当地居民的经济地位。王林（2016）重点对广西"发髻"文化的内涵进行分析，对这种文化与族群凝聚力、民族历史之间的关系进行分析，认为民族文化符号在不同的时间段有所改变，游客需求也逐渐调整。李菲（2018）以"藏银"这种民族工艺为研究重点，通过其制造与加工、营销与消费等来描述民族旅游社会政治结构。广西旅游在开发过程中，最初只是对传统文化予以保护，逐渐演变为多方共同开发，最终形成全社会共同参与的保护与开发模式。综上所述学者们一致认为，广西旅游若采取传统模式，将不利于保护与传承民族文化，要在保护与发展之间找到平衡，协调好旅游开发公司、地方政府、当地群众之间的关系，围绕民族文化开发旅游资源。开发广西旅游资源并非个人的责任，而是要得到全社会的支持与努力。

3. 旅游目的地的影响研究

在对旅游目的地影响进行分析时，许多学者进行了案例分析。尽管国内外学者在这方面的研究中选择了不同的视角，但主要集中在经济和社会两个维度。一是旅游目的地在发展中受到了负向影响，民俗文化遭到了破坏；二是旅游目的地的发展促进了区域经济增长，也让居民过上了有质量的生活，但也对民俗的文化保护造成了冲击。Gamper（1981）通过将奥地利南部两个民族的发展情况进行对比分析，认为尽管这两个民族在同一个区域内发展，但发展的侧重点有所不同，分别为贸易、农业。在 20 世纪中期以后，由于掀起了旅游热潮，两个民族之间的交流更加充分，接触越来越频繁，持续千年的民族壁垒逐渐被打破。Berghe（1992）将广西旅游梳理为三大要素，即游客、企业、东道主。随着旅游业的兴盛，外来游客的规模会不断增大，由此导致本地文化逐渐体现出同质化的特征，社会关系也越来越紧张。然而，当地人的物质生活也因为旅游业的发展得到了改善。Boissevain（2010）指出，马耳他戈佐岛的旅游实现了快速发展，对区域之内经济建设起到了促进作用，带来了更多就业机会，外出务工人员数量越来越少，但社会规范并没有被破坏，因为这部分人能在旅游行业找到工作，社会变得更加稳定。陈刚等（2012）分析了泸沽湖旅游的发展情况，认为区域内的文化、经济等建设都受到了旅游业的冲击。

4. 旅游管理的政策建议研究

Notzke（1999）重点分析了加拿大北极西部地区在发展过程中存在的问题，发现最突出的一点就是旅游管理有欠缺。由于社区与外来投资企业共同参与运营管理，没有明确土地所有权，经营者没有掌握必要的专业知识，未能较好地了解游客的需求，旅游产品不能体现出特色。Williams 等（2002）指出，加拿大土著旅游因地理位置偏远，为了吸引更多的游客，需要创建多条分销渠道，把旅游地位置准确无误地告知游客，采用合理的营销方式进行宣传。江晓云（2004）以桂林临桂东宅江瑶寨旅游为研究对象，希望通过瑶寨民族文化的鲜明特点来推动当地旅游业发展，提高当地居民收入，并为目的地形象设计、发展目标明确、开发产品等提出合理建议。民族村寨旅游在发展过程中最关键的就是要保护好非遗文化，必须鼓励居民积极参与，提升其对旅游产业的认识。Chang 等（2012）研究发现，居民宣传能产生良好的效果，而请代理人宣传未必能产生同样的效果。足以体现出，在吸引游客方面，情感广告能发挥出重要作用。罗永常（2006）结合经济文化发展现状，研究如何促进民族村寨旅游发展，并从制度、立法、监控等方面提出建议。罗敏（2014）指出，稳定并促进重游市场有助于村寨旅游发展，这就需要通过定量分析找出影响游客重游的因素，并针对不同类型的游客制定合理的营销策略。刘静艳等（2016）认为，制度因素是制约广西旅游长远发展的关键，通过完善制度体系来塑造公平竞争环境，维护居民权利。

本研究在对上述旅游研究进行分析时，重点关注了四项内容：一是广西旅游发展中，参与主体数量较多，要协调好多个主体之间的关系；二是广西旅游的开发模式不断变化；三是广西旅游对地方经济起到的影响具有双重性，积极与消极影响并存；四是通过具体案例明确广西旅游存在的问题，提出有效的解决之策。

2.2 游客体验真实性文献综述

2.2.1 游客体验真实性的概念

"真实性""原真性"都来自"Authenticity"这个单词，它有真正、可信、精准、现实、真实等意思（Lowenthal，1994）。对于中文而言，"原真性"与"真实性"存在差异。"真实"是并列式的合成词，"真""实"两个字有着相近的意思。"原真"是偏正式的合成词，"原"指事物最初的样子，"真"则是对过程的描述。Golomb（1995）指出，在不同的语境中或在不同的翻译层次中，"Authenticity"的意思有所不同，导致中文翻译出现混乱。阮仪三等（2003）重点分析了怎样保护文化遗产、如何修缮文物古迹，认为"Authenticity"就是指"原真性"。曹娟（2007）认为，在对"Authenticity"进行翻译时，"原真性"是最妥帖的说法，并对这个概念的发展历史进行分析。徐嵩龄（2008）对国外文献资料进行梳理，从人文科学、一般性等视角出发进行对比，认为在翻译"Authenticity"时，最合理的说法就是"原真性"。最初"Authenticity"一词只是运用于语言、哲学等学科研究，将其翻译成"真实性"（杜岫石，1959）。后来这个词被引入旅游领域，许多学者在选择将其译为"真实性"（吴晓隽，2004）。张朝枝（2008）对多种译法进行对比，认为在对文化遗产研究中，应该将其翻译成"原真性"，因为这是文化遗产最质朴的模样，能为其找到合理的衡量标准。

王景慧（2009）回顾了"Authenticity"一词的发展历史，认为国内外学者在研究过程中，如果强调意境的重要性，往往会将其解释为"真实性"。在旅游研究领域,学者们认为应该将其翻译为"真实性",强调了对历史过程真实性的保护,并不是说要恢复历史的真实面貌。可见,在对主旨客体进行对比之后,"Authenticity"更应该翻译成"真实性"。本研究也将这个词翻译为"真实性"。从当前的研究成果看,在旅游发展过程中最应该注重的就是寻求真实性体验,这也是下一阶段发展的主流趋势。然而,在对旅游体验真实性的研究仍存在明显不足,学者们并没有形成统一意见,在概念界定方面也没有达成一致,尽管其定义内涵有一定相似性。MacCannell(1973)认为,人际真实性与客观真实性是两个有明显区别的概念系统;Selwyn(1996)认为"真实"分为两种类型,即"冷真实""热真实";Wang(1999)则认为,真实性包含两个维度,即个人真实性、人际真实性,前者是身体感觉,后者具有自我特征。客观真实性主义认为,真实的客体是最重要的;存在主义指出,真实性是一种彻底摆脱了日常生活阈值的体验;建构主义指出,真实性就是一种游客的自我联想与感知。在对游客体验真实性进行研究时,多数学者都突出了两大重点:一是基于对象,二是存在。前者包含客观与建构两方面内容,但在不同背景下,测量的内容有明显差异。综上所述,游客体验真实性包含主体与客体两方面的内容,游客对真实性的体验实际上是一种认知生成过程,涉及对符号化事物的解码。

2.2.2 游客体验真实性的维度研究

学者们在研究客体时,逐渐把侧重点由真实性调整为主观认知真实性,在对民族旅游、满意度、商品化发展等方面的研究中运用了真实性理论。随着真实性理论研究的不断深入,越来越多的学者尝试将真实性划分为不同的维度。Jamal等(2004)从时间与空间视角出发,把真实性分为个人真实性、建构主义、客观主义三大类。魏雷等(2015)指出,应该从不同视角对真实性进行分析,居民认为文化具有较强的真实性、动态性的特征,是建立在自己民族的基础之上,属于生活实践;游客则把真实性与贫困相整合。Deniz(2016)深入分析了文化遗产地游客的行为意向是否会受到真实性感知的影响，将其分为存在与客观两种真实性感知。Lee 等（2015）重点对唐人街游客真实性进行研究，也将其划分为客观与存在两种真实性。研究者们对真实性的概念提出了多种观点，以下列举了其中的一些主要意见。

1. 客观真实性（Objective Authenticity）

强调客观真实性的观点主张，旅游目的地应始终保持其"原生状态"，不应对其原始面貌进行任何改变，在判断游客感知到的客体是否与标准保持一致时，要设定客观而科学的标准，需要考虑到独特、原创、原先等内容。Boorstin 和 Mac Cannell 是这种说法的代表人物。

Boorstin（1964）表示，在旅游过程中，游客偏爱那些商业化的文化产品，然而这实际上构成了所谓的"伪事件"。这类事件无法为游客提供真实的体验，因为游客们并不特别关心这些是否真的反映了真实性。他们更倾向于追求那些经过商业包装的物品。这种现象可以理解为"舞台化的魅力更吸引我的注意"。这种观点遭到了 Mac Cannell 的驳斥，在他看来，人们并非不向往真实性，但缺乏辨别能力。客流量增加之后，东道主为了避免自己的传统文化遭到破坏，就会选择"后台"的方式加大保护力度，但在"前台"却以娱乐化的方式展现给广大游客。Mac Cannell 在理论研究方面最突出的贡献就是以 Goffman 戏剧理论[①]为基点提出了"前台、后台"理论，对"舞台真实"理论展开了深入而细致的阐述。"前台"就是旅游产品提供者与游客在互动过程中开辟的空间；"后台"是东道主个人的专属空间，其特性是显著的私密、封闭，东道主不愿受到游客的侵扰。然而，游客们却执着于探寻这个空间。为了保护文化的纯粹性，东道主选择将一些经过"美化"的文化元素向游客展示，并加以引导，导致游客信以为真。Mac Cannell 对舞台真实性这种现象表示否定，认为舞台真实性能产生较为明显的危害性。

两种理论都对客观真实性表示认同，却批评了游客对真实性的态度。

---

① Goffman 在 1955 年曾经提出一种戏剧理论，将人们日常生活中的社会行为分为前台和后台两种行为。前台行为，就像在舞台上演戏一样，个体在此情境下会刻意地布置与他人交往时的场景背景，修饰自己在他人面前的服装仪表和举止动作，期望在他人心目中塑造出某种特定的形象。

Boorstin 指出，游客本身并没有把更多的精力用于追求真实性方面。MacCannell 指出，追求真实性是每个游客选择旅游产品的真正原因，后来许多学者也对这种观点表示认同。运用游客心理学进行深入分析，发现追求真实性这种现象普遍存在于游客身上（Pearce et al., 1985）。可见，不管是表面还是内涵，真实性都是客观真实存在的，不会掺假。在对客观真实性进行评价时，客观标准是重要的尺度，客观真实性并非游客感受到的，而是交给专家判别。

在现代社会的发展进程中，无论是对哪个民族的居住区域的发展状况进行考察，都不能简单沿用传统的、封闭的思维模式。随着全球一体化发展浪潮兴起，文化也发生了改变，建构真实性理论有助于旅游业发展。

2. 建构真实性（Constructive Authenticity）

乍看之下，真实性能给人真实的体验感，但这种感觉并非源于客观真实性本身，而是旅游者结合自身对旅游产品的期待、诉求等塑造出来的，即建构的真实性。与客观真实性有所不同，建构真实性认为旅游产品具有舞台化、商品化特征。尽管这种特征会对民族文化真实性造成不良影响，但在民族文化的演进历程中，舞台化的呈现能够为其注入新的活力，使之成为独特的标识象征。因此，当游客抵达旅游目的地后，在产生旅游体验的过程中并非只是因为客体自身具有真实性而仔细观赏，而是有可能将其看作真实性符号。在现代社会发展的过程中，传统文化结合自身特征持续调整，与原生态文化相比差异较为悬殊。在对事物产生了解的过程中，人们不能只是简单地看表面，也不能只是被动地做出反应，而要在产生认知的基础上进行深加工，并带着主观意念产生理解。所以，当游客感受到真实性，或许只是一种由主观意念建构的事实。Bruner 和 Cohen 等是这种说法的代表人物。Bruner（1994）明确指出，世界上的每一种事物都在变化，但找不到绝对不变的参考标准，所有真实性都是由复制而获得的，各利益相关者对真实性的理解各异，而不同游客在感受真实性时也呈现出显著的差异。

Cohen（1988）指出，文化产品是否能体现出真实性，与游客想获得的体验有必然联系，有些游客学历和文化素养比较高，往往会对真实性提出更为严格的要求。Hughes（1995）认为，旅游业界与当地居民共同塑造了旅游的真实感，旅游真实性不仅取决于个人的思想意识，也与所处的情景有关。Echtner等（1999）对旅游符号学的三角关系进行了阐释，认为广告宣传能让一些未抵达旅游目的地的游客对该地产生一定的了解。游客到民族地区旅游，会对真实性产生期待，希望能了解当地居民的生活习俗，建立固定印象。Bruner指出，许多来到埃塞俄比亚的游客，是为了看一看人们在原始生活中的真实状态。真实性处于动态变化之中，伴随着时间的推移，一些原本看似不真实的事物可能逐渐变得真实，这就是Cohen所说的"新兴的真实性"。历史的发展，导致客观真实性中的一部分得到了完好保存，但也有一部分面临被淘汰的可能，旅游的发展让濒危文化看到了得到保护的希望，在遵循原始的基础上，游客的需求能得到满足，这成为发展的目标，尽管有区别，但也会在文化体系中占有较重的位置，以不同的表现形式征服游客。

3. 存在真实性（Existential Authenticity）

存在真实性并没有意识到客体的重要性，忽略了对客体的真实存在，过分强调旅游参与者自身的体验，这种倾向源于旅途的短暂性质，游客充分体验到了情感认知，与日常相比，游客可能体验到了强烈的真实性，但这种感觉可能是因为暂时逃离了自己的生活，在不同的环境、从事不同的活动，与本真自我保持联系并建立的感知。王宁（2019）的观点具有代表性，他认为在民族文化遗产旅游中，可以区分出两种类型的原真性：一种体现在旅游目的地本身，另一种则体现在游客的主体体验中。相比而言，游客体验感知主要取决于游客主体的真实性，若偏离了日常生活的轨迹，人们便会在旅行体验中寻求自我实现。王宁指出，游客在旅途中展现出的自我认同和表达，是其对存在真实性的直接反映。这里所说的存在真实性，它不仅关乎客观现实，更涉及游客内心深处的情感与认知。摆脱了日常生活的琐碎，他们得以在旅途中感受别样的人生。存在真实性的概念突出了游客真实体验的价值，鼓励我们从更深刻的情感层面去探索，以此来追寻内心的本真。

Daniel（1996）以古巴伦舞蹈为研究对象，认为这种传统舞蹈在表演中吸引了大量游客，游客受到熏陶之后也能快乐而主动地舞起来，成为表演者。古巴伦舞蹈有着漫长的发展史，把许多时代元素融入表演之中，让游客在观赏中感受到了真实性。王宁明确指出，人际真实性、个人内在真实性都是存在真实性的构成部分，后者就是游客对自我建立的认同，前者则是游客与他人在互动过程中建立的真实性，要对自我本真进行追求。易小力等（2014）以王宁的研究为基点，在存在主义视域下，研究广东文化遗产体在发展旅游过程中怎样引导游客对环境与生活的原真性做出判断，分析游客忠诚度与其原真性之间建立了怎样的联系，发现忠诚度会受到个人内在原真性的影响，但忠诚度却不会因为人际原真性而发生改变。存在真实性实际上就是站在存在论的视角对游客真实性感知产生了解，对游客的体验予以关注，是一个浪漫而简单的追求自我的过程。然而，单纯地存在真实性过于强调自身感受的重要性，无法对广西旅游的原因进行分析，要与游客一起对真实性进行分析。

4. 后现代真实性（Postmodernism Authenticity）

后现代主义从不会过多地分析真与假，也不会在意是原件还是复制品，其没有把真实性当成重要的问题，而是通过模仿旅游客体来创造"替代旅游"，这种做法相较于构建真实性来说，显得更加激进。Baudrillard作为代表者，认为当代社会模仿无处不在，不以真实为参照物，所有事物都是由符号堆砌而成的。迪士尼乐园就是这样创建的，想象与幻想是迪士尼乐园创建的主题，但没有真实的参照物。后现代旅游以追求快乐为目的，目标是更加愉悦地体验生活，然而并不刻意过分追求生活的真实性。后现代旅游认为，东道主在开发旅游产品过程中要体现出产品的稀缺性，也要设定高昂的价格，游客会把这当成真实性心理。后现代主义者表示，在一体化发展浪潮之下，许多民族文化受到冲击之后无法继续传承，演变为"濒危文化"，为了让此类文化得到有效保护，创建博物馆是一种能被人们接受的方式。真实性概念被后现代主义者彻底摒弃，为了寻求真实性而摸索出新路径，展开了真实性革命。

除了之前介绍的几种真实性以外，Eco提出了"超现实真实性"、Cohen

(1988)提出了"渐变真实性"[①]（Emergent Authenticity），此外，也有冷真实性与热真实性[②]、定制化真实性等。在对旅游真实性进行研究时，不再把旅游客体当成重点，而是将更多的精力用于对旅游主体。尽管客观真实性只是局限于客体自身，但非专业人士不具备辨别的能力。建构真实性认为客体的真实并没有引起游客注意，因为这是能够建构的。后现代把真实性彻底抛弃，因为这是游客的一种感受。存在真实性明确指出，游客真实性除了与自我感知保持着联系，也关系到客体真实性。对真实性理论的几种说法进行对比，在旅游研究中要同时对游客主体差异性、客体特殊性进行分析，在对两者产生深入了解的基础上开发旅游资源。

2.2.3 游客体验真实性的影响研究

在对旅游领域进行探究的过程中，往往将真实性视为选择和感兴趣的关键因素（Yeoman et al., 2007）。游客受内在动机驱使或是被目的地的独特魅力所吸引，最终选择前往旅游地。当游客踏上广西之旅，他们便暂时离开了日常生活的轨迹，在新环境中加深了体验，把这当成真实感受，除了语境发生了改变以外，更为关键的是这种旅游体验并非反复出现，有些情况只是在一瞬间发生的。游客选择不同的旅游目的地，这主要与他们的旅游动机相关，不同的动机会带来不同的体验感受。Michael 等（2008）认为，个体、他人、事物都会对真实性造成较为明显的影响，时间的推移、环境的改变都会让个体的看法发生改变。Kolart（2010）在4个欧洲国家进行调研，尤其是两个罗马式遗产地，并对调研获得的数据运用消费者模型进行分析，发现存在真实性是建立在客观真实性的基础之上，在动机与忠诚度之间，真

[①] Cohen（1988）提出的"Emergent Authenticity"，学术界有不同的翻译，根据原文中"舞台化的形式会逐渐地被接受，成为一种真实的表现"而言，译为"渐变真实"更加妥当。

[②] 冷真实（Cold Authenticity）：指"客体的真实，是真实世界的一种体现"。热真实（Hot Authenticity）：指"游客喜爱接受的事物，是一种自我的感知"。

实性具有中介作用，为旅游目的地管理与营销工作的开展奠定了基础。游客社会建构真实性的提升，可以通过先进的技术与媒体实现，良好的口碑也能产生积极影响。林涛等（2013）对工业遗产旅游发展情况进行分析，发现游客真实性感知会受到自身偏好、商品制作工艺等的影响，并对如何提升游客真实性体验提出合理建议，在开发旅游的同时也能让游客产生更强的真实性感知。Revill等（2003）在对墨西哥土产陶器的真实性进行甄别的过程中，认为需要同时关注价格高低、是否易于购买、产品外观、文化品质等因素。Chang等（2012）对深受游客喜爱的中国台湾平东县排湾族玻璃珠纪念品的真实性运用了混合方法进行探讨，分析了利益相关者之间在真实性方面有怎样的差异，找到哪些因素会干扰真实性。Nguyen等（2016）认为，在衡量真实性方面，遗产地景点的外观是一项关键指标，此外也要对文化氛围、风俗习惯等进行分析。

旅游是一个包含多要素的概念，其中，旅游客体就是把多样化的旅游资源汇聚到一起，旅游媒介则是在旅游产品营销中采取的宣传方式。在参与旅游的过程中，游客的情感与精神都能获得一定的感受，这取决于旅游符号。在来到旅游目的地之前，游客实际上通过电视、网络、他人的介绍等对旅游目的地产生了一定的了解，通过搜集并整理了相应的旅游元素，构建了新的旅游符号印象。与专业人士不同，游客在追求真实性方面并不苛求，他们更倾向于以客观真实性为基础，通过媒介加深对旅游目的地的了解。旅游的真实性源于游客出行动机的推动，体现在对客观文化现象的真实体验上，即游客通过亲身经历所形成的真实感知。在广西，旅游的真实性得以体现，是因为游客在短暂的旅行中脱离了日常生活的束缚，接触到了不同的文化，从而产生了一种真实的感觉。这种感觉的产生，不仅仅是因为他们所处的环境发生了变化，更为关键的是旅游真实性体验并没有反复出现。大众媒体能为游客带来一定的旅游目的地信息，此外，观看电视、阅读杂志、朋友推荐也能获得这方面的信息。在易于识别的地理空间中，电视与电影是一种重要的传播媒介，游客来到旅游目的地时，如果看到的景象与之前获取的信息相吻合，就会产生强烈的真实性感知。反之，如果真实性认知比较少，旅游媒介就会对其造成较大的影响。在游客抵达旅游地前后，旅游地都会把一定的民族文化信息提供给游客，游客掌握了怎样的文化信息，将直接影响旅游质量。闫红霞（2013）指出，许多游客都极力寻求真实性，媒介能产生有效的连接作用，但受到了时间与空间两大要素的制约，游客对遗产地建立的初步印象，很大程度上是来自媒介提供的信息，游客在对目的地建立真实性感知的过程中，不同媒介产生的效果是不同的。张朝枝（2008）指出，多样化的媒介都会把一定的信息推送给旅游客体，持续加大宣传力度，这会对旅游客体的真实性认知产生影响，媒介在这一过程中采取的构建方式、传播路径有所不同，对游客产生的影响是不同的。

2.3 游客感知价值文献综述

在营销学范畴，感知价值是一个重要概念，许多学者都把这当成研究重点。Zeithaml（1988）认为，顾客感知价值就是顾客会对整个消费过程中投入的成本和获得的利益进行对比，从总体上对产品效用做出评价。营销理论指出，顾客感知价值较高，不仅能让企业拥有较强的竞争力，也是服务的核心内容。企业在竞争中要想实现良好发展，需要对感知价值产生深刻的理解并促使其增加（Woodruff，1997）。当代企业在营销中，把感知价值当成增强竞争优势的利器，学界当前已经对这一观点表示认同。Thorne等（2000）认为，流程现行、价值工程改造之类的方法已经过时，无法为企业带来更为明显的竞争优势，但如果企业能增强顾客感知价值，能进一步凸显竞争优势。在对顾客感知价值进行研究时，学者们给出了多种定义，说法也有所不同，例如张新安将其称为"顾客价值"，而陈雪钧将其称为"感知价值"。自20世纪末期，顾客感知价值这一理论在旅游领域得到了运用，在对旅游发展水平进行衡量时，将游客感知价值作为一项重要的衡量指标。在对游客感知价值进行概念界定时，营销学的顾客价值起到了重要支撑作用，Zeithaml给出的定义得到了广泛运用。

2.3.1 游客感知价值的概念

众多研究者普遍认为,感知价值涉及消费者对在市场上可供选择的产品能够带来的利益及为获得这些利益所必须付出的代价的评估(Sánchez et al.,2006)。感知收益,即消费者从产品或服务中获得的利益,这包括了产品本身的内在品质、外在特性,以及心理层面等多方面的收益(Zeithaml,1988)。感知成本的核心因素是产品价格,其体现了货币上的花费,但同时也不能忽视非消费成本的影响,包括在消费产品过程中耗费的时间、倾注的精力、付出的努力、投入的体力等。就感知价值而言,其受到收益的正面影响,然而成本的负面影响也不容忽视。效益基本由感知质量提供(Rajh,2006),也是建立在对产品有形与无形特征产生了解的基本上。实用价值主要体现在产品性能所提供的便利,这一价值通过消费者对产品质量的感知来展现(Jamal et al.,2011)。因此,产品的功能性优势根植于消费者对质量的感知之中,消费者在购买并使用产品过程中产生的情感收益也是感知收益的重要构成部分(Sánchezet al.,2006)。消费者对价值产生了怎样的看法,情感收益能产生重要影响(Roig et al.,2006)。Kotler等(2008)指出,伴随着功能的丰富、情绪收益的增加,顾客价值就会增加,如果能将一项或多项成本调整到更低,也能产生同样的效果。在不同的时间或地点,价值会发生改变,足以体现出对同一对象的某处偏好会因为时间的流逝而发生改变,就像夏天与冬天的冰激凌在消费者心中的位置完全不同(Gallarza et al.,2006)。感知价值的形成,能了解消费者是怎样面对特定产品与服务的,并对怎样才能为消费者提供良好的产品与服务,如何满足消费者的需求起到重要指导作用。随着旅游研究的不断深入,感知价值的内涵越来越丰富,把村落、节事、遗产等新型旅游囊括其中(张涛等,2008)。Stevens(1992)认为,游客的感知价值是指游客在体验某项产品或服务之后,对付出与收获进行衡量并做出评价。

Murphy等(2000)指出,游客感知价值就是对产品质量与价格产生了解之后进行对比而形成的。在对感知价值进行概念界定时,当前国内外学界存在如下几种代表性观点。Zeithanil 等（1988）认为就是在使用产品或服务期间，消费者对自己的支付与收获进行对比之后做出的客观评价。Sheth 等（1991）认为价值不只是通过价格与质量来体现，所有产品的价值都是多个因素的综合体。Gale 和 Wood（1994）认为，产品会根据市场变化情况对价格进行调整，消费者就能形成相应的感知质量。Woodruff（1997）认为，消费者在使用某种产品或接受服务时，其目标能否实现，取决于自身对产品的评估、产品具有的属性等。Parasurama 等（2000）指出，感知价值包含 4 个维度，即使用、交易、赎回、获取。白长虹（2001）认为，顾客在对产品效用做出评价时，会重点强调自己为此付出的成本。Chen 等（2001）认为，与购买产品时投入的成本相比，如果顾客明显感受到自己获得了更多的利益，感知价值就比较高。Kolter（2003）认为感知价值就是把所有的成本从总体价值中扣除。孟庆良等（2006）认为，感知价值就是顾客在购买产品与服务过程中投入的所有成本与获得的收益之间的差异。

Sánchez 等（2006）认为，在购买与使用产品过程中，消费者在不同的时间点会做出不同的评价。黄颖华等（2007）认为，游客感知价值就是游客在旅游期间投入的成本与行为表现与之前对旅游目的地的期待对比之后做出的总体评价。李文兵等（2010）对来到古村落旅游的游客感知价值进行分析，认为这是游客在对"收益"与"盈亏"有正确评价的基础上进行的，能看出游客的需求是否得到了满足。对上述学者的观点进行分析，进一步了解学者们在对感知价值这一概念进行分析时，众说纷纭、意见不一，但对其本质的理解是相同的，都肯定了交换关系的存在，这意味着消费者在与企业保持交换关系的过程中，能理智地对获得与失去进行对比，这是一种情感对比，会对消费者是否满意、是否会推荐给他人、是否会再次购买造成影响，把效用与利益当成核心思想，分有形与无形两种。消费者为了获得更高的效用与利益，不惜耗费时间、花费金钱，且体力与精神也有损耗。旅游的目的就是要获得精神愉悦，游客感知价值是旅游中的一项关键要素。在旅行体验中，游客会接触到各式各样的商品和服务，而这些体验最终在游客心中形成的是对所得与所失的感觉差异，这会对游客的总体感知产生影响。本研究认为，游客感知价值就是在消费旅游产品过程中游客对支付的成本与获得的收益进行对比之后做出的综合评价。

2.3.2 游客感知价值的维度研究

在旅游研究中，不同目的地的属性、不同游客的期望等有所不同，研究者对感知价值进行分析时，依据多个标准把价值归纳为不同的维度。感知价值是多个价值维度的统称，在不同的情形下造成的影响是不同的。与一维方法把感知价值看作一个独立性较强的概念或单一变量不同，多维方法把感知价值看作一个完整的结构由若干个变量构成（Sánchez et al., 2006）。Bolton 等（1991）认为，在对感知价值进行研究时，不能只是简单地将其看作质量与付出之间的平衡，因为这是一个复杂的概念。Al-Sabbahy 等（2004）表示，感知价值方面的问题无法用单项量表来解决，因为这是一个由多个维度构成的概念。所以，研究者在进行分析时，认为要编制多项目量表，对感知价值进行细致分析（Sweeney et al., 2001；Gallarza et al., 2006）。随着旅游研究的不断深入，在测量游客感知价值时，学者们不再只是关注心理与经济，而是拓展到多个维度。

1. 单维划分

最初在对消费者进行研究时，部分学者认为感知价值就是一个单一的变量，没有复杂的构成（Zeithaml, 1988）。尽管在进行概念界定时，学者们的说法有一定的出入，然而大部分学者一致认为需要从整体着眼来对感知价值展开测度。Grewal 等（1998）将其称为"获得价值"；Sweeney 等（2001）将其称为"货币价值"。在对感知价值进行分析时，可以只关注自我报告这一个方面的内容（Gale et al., 1994），也可以从多个方面进行（Petrick, 2002）。在长期研究中，对一维度量的质疑声、反对声一直存在，因为运用这样的方法在研究时把消费者的价值意义看作是完全相同的。由于单一维度的量表只能体现出个人理解，这样的概念界定层次不深，在对不同的对象进行研究时或是出于不同的目的进行分析时，学者对感知价值给出的概念是不同的，未必能选择合理的测量维度。在如何对顾客感知价值进行分析时，由于单维度测量效度不足，这样的研究方法慢慢被淘汰。

2. 多维划分

Sheth 等（1991）从功能、社会、条件、反应、情感等 5 个方面对感知价值如何解决有效性问题展开细致分析。Ruyter 等（1997）指出，顾客感知价值包含 3 个部分，一是情感价值，即顾客获得的情感体验；二是逻辑价值，即衡量付出与回报；三是实践价值，即消费带来的利益。郭安禧等（2018）深入河南省 3 个景区进行调研，将 500 名来自不同地区的团队游客当成研究样本，借鉴文献资料把游客感知价值细致地分解为 3 个部分，即实体、学习、经济价值，从 3 方面入手分析游客重游意愿与注意度之间有怎样的联系。研究层次逐渐加深，学者在对感知价值进行维度划分时，日益体现出多样化的特征。Parasuraman 等（2000）认为，感知价值的概念包含 4 个维度，在产生了交易与获得两种价值的基础上，获得了偿还与使用价值。交易价值就是消费者由于顺利完成了交易而产生的身心愉悦；使用价值就是产品与服务给消费者带来的效用；获得价值就是通过支付产品或服务的价格而带来的利益；偿还价值，即指因暂停使用产品或服务，或通过修理、替换等方式所获得的收益。Sweeney 和 Soutar（2001）认为，感知价值是一个包含多个维度的概念，包括情感、价格、质量、社会价值等，在这种维度划分的基础上进行了实证分析，并且证明了从上述几个维度入手进行分析，理论与实践价值都比较高。Sheth（1991）在对感知价值进行分析时，重点关注了情感与功能两项内容，将其划分为如下 5 个维度：一是社会价值，即顾客通过其他人或多个团体为自己争取到感知效用；二是情感价值，就是顾客在消费体验过程中获取的情感能力；三是功能价值，是指消费者在使用某项商品的期间，得益于商品出色的性能，从而获得了实际的效益；四是认知价值，即顾客由于对新鲜事物感到好奇，获得了精神上的满足；五是条件价值，即在既定条件下顾客拥有了感知效用。Sweeney（1999）认为感知价值是一个包含多个维度的概念，其中有功能、情感、社会等多种价值。周玮等（2012）深入城市免费公园进行调研，将这里的游客感知价值分解为 5 个维度，包括文化、价格、服务、休闲、环境价值。

Pura（2005）认为，感知价值由6个维度构成，除了最起码的社会、货币、便利3种价值以外，还包括认知、条件、情感价值。Sanchez等（2006）指出，感知价值属于主观结构，在不同的时间段的体现是有区别的，也会因为客户的差异、文化素养的差异而有所不同，消费者在购买产品或服务前后，以及在使用过程中，感知价值会发生明显改变。游客除了会对旅游体验进行评估以外，还会对购买体验进行分析。在对购买感知总价值进行评价时，可以从多个维度设定标准，如从6个维度入手设定了24个调查题目：一是装置功能价值，来自旅行社；二是专业职能价值，由旅行社服务人员提供；三是质量价值，取决于游客购买的旅游套餐有哪些服务项目；此外，还有社会、情感、功能3种价值。张涛等（2008）以节事旅游游客为研究对象，认为此类游客的感知价值由美感、服务、便捷、玩乐、社会这几个维度构成。Holbrook（2006）认为游客的感知价值包含8个维度，其中有精神、效率、美学、伦理等，这样的维度划分方法明显强调了游客心理感受的重要性。Gallarza和Saura（2006）在特定旅游背景下对学生的旅游行为进行分析，以消费者价值这一维度为研究重点，从感知成本视角出发将感知价值细致地分解为多个维度，包括投入的时间、付出的努力、服务水平、美学价值、效率等，同时关注了成本与价值收益，并把成本分解为有形与无形两类。李文兵等（2010）以古村落游客为研究对象，认为此类游客的感知价值由8个维度构成，包括资源、情感、经济、社会、导游等。

综上所述，可以用多样化的方法把感知价值划分为不同的维度，在最初的研究中，相当一部分学者把感知价值看作单一维度的概念，但后来逐渐发生了改变，根据研究内容与具体对象的不同进行维度划分，增强了研究的针对性，但普遍性不足，难以对感知价值做出准确评价和描述，因此越来越多的学者不再采用单一维度，多维划分得到了广泛运用，维度划分的方法也越来越多。

2.3.3 游客感知价值的影响研究

在旅游领域，学者们在对感知价值进行实证分析时，一是分析哪些因素会对游客感知价值造成影响；二是分析游客感知价值与忠诚度、满意度等几个变量之间存在怎样的联系。

1. 感知价值的前因

多数学者指出，顾客感知价值取决于多个要素，包括主观认知、产品性能与质量、价格等。Dodds 等（1991）在分析消费者的感知与购买意图之间的联系时，认为价格与质量都会独自对感知价值造成影响，但两者产生的影响截然不同，分别为负面与正面影响。在此基础上，他们也分析了商店名称、价格、品牌会对消费者感知价值造成影响，以及 3 个因变量之间存在着怎样的差异效应。Chen 等（2003）对电子商务时代的消费者感知价值展开研究，围绕这一概念构建了模型，认为产品价格、风险、质量、购物体验都会影响消费者的感知价值。Petrick（2004）在研究旅行社客户的价值观感知时，发现影响感知价值最显著的因素是服务质量，紧随其后的是产品的价格。Petrick 和 Backman（2002）编制了对消费者感知价值进行测评的 SERV-PERVAL 量表，这份量表包含 5 项一级指标，其中有情绪反应、质量、声誉等。既往学者在研究中发现，游客服务感知价值主要会受到质量与价格两大因素的影响（Duman et al.，2005）。余勇等（2010）发现游客满意度会受到游客对旅游目的地产生依赖性的影响，并进行了实证分析。Verma 等（2016）对文化遗产旅游景点的游客进行调查，重点关注游客体验，发现游客行为、满意度、感知价值都会受到遗产真实性感知的影响。可见，产品质量、价格、购买之前产生的期待这几个变量都会影响感知价值，这意味着感知价值会发生动态变化，影响因素较多。

2. 感知价值的结果

围绕游客满意度展开分析时，国外学者通常将感知价值视为诱导因素，发现满意度会受到功利主义、享乐主义价值观的直接影响，产生的影响是积极向上的（Jones et al.，2006）。不管是游客的满意度还是行为意向，都取决于感知价值，这是重要的先行因素（Dodds et al., 1991）。旅游企业在面对激烈的市场竞争环境时，假如可以构建感知价值，就能在竞争中占据有利地位，而且要把这当成影响力最大的回购意向指标（Parasuraman et al., 2000）。

在对是否旅游进行决策时，所构建的感知价值能够直接影响潜在游客的旅游意愿程度。在购物环节中，游客会对比付出的费用和所获得的价值，一旦后者超过前者，游客就会重购，但如果游客明显感受到前者高于后者，则不会再次购买。Sweeney 等（2001）指出，在对游客感知价值进行研究时，既往学者共对 19 项措施表示关注，并用这些内容对消费者进行评估，了解其对品牌水平的评价。这些措施通常运用于零售购买场景中，能分析出消费者的购买行为与态度会受到哪些消费价值的积极影响，继而把感知价值划分为包含 4 个维度的概念，分别为价格、品质、社会、情感，每一个维度都能对消费者的态度与行为做出合理解释。McDougall 等（2000）对餐厅、汽修、理发、牙医这几种服务产生的价值进行调查与分析，重点关注了服务质量、关系质量等，分析其与客户满意度及重购意向之间保持着怎样的联系。从研究结果看，客户满意度会受到服务质量、核心质量、关系的直接影响，而客户是否满意关系到日后能否重购这种产品。在调查中了解到，餐厅的潜在需求量会受到感知价值的直接影响，在汽修、牙医、理发 3 个行业中感知价值的影响力依次下降。于是向餐厅经理提出要求，要分析顾客是否在消费中感受到"物有所值"。他们一致认为，研究者在构建概念模型时应把感知价值纳入其中，因为这一因素会对客户满意度与忠诚度造成显著影响。韩春鲜（2015）对满意度与感知价值进行研究时，将两者之间重合的部分进行剥离，发现满意度会受到感知价值的重要影响。上述学者大多认为感知价值就是消费者在购买产品或接受服务过程中，对支付的成本与获得的回报进行对比的结果。所以，感知价值是一种认知，与情感之间的联系并不大，其能对重购意愿、忠诚度等产生影响。可以将其当成前因变量，也可以将其看作结果变量，因为它会随个人喜好的改变、产品价格的调整、质量的变化、服务的优化等发生改变。本研究把感知价值当成中介变量，能找到丰富的文献依据，在测量感知价值时，要根据具体情况在一维度与多维度之间做出选择。

2.4 游客满意度文献综述

在开展游客满意度调查之前，学术界早已将消费者满意度作为研究焦点，并发表了众多相关学术成果。游客满意度同样被视为消费研究中的一个关键议题（罗盛锋等，2011）。在消费者满意度领域，学者们普遍认为，消费者在消费产品或服务前后两个不同的时间节点，会对期待与真实体验进行对比，根据存在的差距做出评价。游客满意度能够在很大程度上影响旅游业发展，只有提升游客满意度，旅游地才能获得持续发展。当前在对满意度这一概念进行分析时，存在着多种解读，其中一些学者提出，满意度这一概念应涵盖认知和情感两个方面，也有学者直接将其看作情感反应。

2.4.1 游客满意度的概念

最先提出"顾客满意度"这种说法的是 Cardozo，他在 1965 年的一项研究中指出，顾客是否对某种产品满意，一是关注自己在购买这种产品时投入的成本，二是自己对这种产品的期待是否成为现实。从这两方面进行验证，发现如果消费者为了获得某种产品而投入了较高的成本，其满意度也比较高，但如果产品的获得轻而易举，满意度则比较低。这一研究结论的得出，完全不同于市场营销领域给消费者带来便利的观点。在研究中也发现，如果产品不符合预期，客户满意度则比较低，如果产品符合预期，客户满意度则比较高。

可见，满意度就是对之前的期望与使用后的感知之间形成的差异（Oliver，1980）。在对旅游者的满意度进行分析时，也是在旅游之前对目的地产生的期望与旅游过程中产生的体验之间的差距。与预期进行对比之后，如果游客产生了满足感，他们就会感到满意，但如果他们没有满足感，满意度则比较低。满意度直接受到感知绩效的影响，同时预期绩效和个体主观因素也会对其产生影响。期望绩效及主观上的不确定性是影响满意度的两个关键要素。Baker等（2000）表示，游客满意度是一种综合评价，与旅游目的地的服务、表演、设施、交通、餐饮等有关。符全胜（2005）指出，游客来到旅游目的地之后，会从多个方面对旅游产品做出评价，包括风景、设备、环境等，分析真实感受到预期之间存在怎样的差异，如果能够达成预期，或是真实感觉明显好于预期，满意度就比较高，反之则比较低。还有一些研究者在期望差异理论的框架下，对游客的满意度展开了探讨。Pizam等（1978）指出，游客在游览过程中，会对自己的期望与真实体验相对比，如果体验到良好感觉，满意度就比较高。Chen和Tsai（2007）指出，游客满意度的高低，主要取决于旅游目的地从总体上能否为其带来愉悦感，是与游客的期望和需求进行对比的结果。李江敏（2011）认为，游客满意度本质上是基于实际体验与先前期望之间所产生的一种差距。

本研究在测量游客满意度时将其看作一个整体，就是游客在来到旅游目的地之前产生的期待与付出的成本、获得的收益进行对比。通过文献梳理了解到，大部分学者对顾客满意度产生了同样的看法，即期望与真实感受之间的差距。如果顾客在旅游过程中产生了良好的感受，达到或是超出了预期，满意度就比较高，反之满意度则比较低，这意味着满意度是一个伴随着消费或经历发生的概念。

2.4.2 游客满意度的影响研究

既往学者在研究中已经证明，顾客满意度会受到价值观念、服务水平两大因素的影响，消费者的后续购买行为及忠诚度都会受到满意度的直接影响（Oliver，1980）。有些游客的满意度比较高，日后会与自己的亲朋好友一起故地重游，也能在生活中主动把旅游目的地推荐给更多人或是在他人面前表达自己对此处的良好评价。如果游客满意度比较低，不仅会对其做出负面评价，甚至会贬损旅游目的地的形象与声誉。Pizam 等（1978）对美国马萨诸塞州科德角景区的 685 名游客进行调研，对获得的数据进行因子分析，发现游客满意度受多项因素影响，包括基础设施、交通建设、支付的成本、海滩旅游、自然环境、商业化水平等。Dorfman（1979）以 3 个彼此之间互为独立的露营者为研究对象，发现露营者的满意度与其自身的期待、喜好、观念等因素有必然联系，且这些因素存在着一定的关联度。可见，除了旅游目的地的硬件设施、旅游产品质量、服务水平等因素以外，游客自身的心理变化、思想意识、对旅游目的地的期待、个人喜好等都是重要的影响因素，但管理者最难以把握的就是旅游者的心理变化。

1. 期望影响游客满意度

从现阶段的研究成果看，学者们在一个方面已经达成了一致意见，即游客满意度与期望之间有必然联系（Oliver，1980；Churchill，1982）。Oliver（1980）明确指出，游客对产品与服务的期待会对其满意度造成影响，在对游客满意度进行测评时，期望是一项重要指标。汪侠等（2006）在研究中不仅把握住了旅游业的特征，也构建了游客满意度模型，随机选择一部分游客请其填写问卷，由此获得了翔实的研究数据，在处理数据时运用 LISREL 软件，其对模型的可靠性表示认同。Masarrat（2012）以乌塔兰契尔的外国游客为研究样本，发现这部分游客对该景区静谧的环境、古老的寺庙、清澈的河流、设置的冒险景点等表示认同，但他们对旅游服务的感知并没有达到预期，并且感知与预期落差较大。导致出现此类结果的因素较多，例如交通不发达、城市道路拥堵、巴士服务能力低、口译设施不齐全、旅游套餐可用度低等。Bowen（2001）以反复多次从英国到东南亚旅游的游客为样本进行研究，发现在对公司的表现是否令人满意进行衡量时，游客的意见显得十分重要，旅游企业及主管部门应该把游客满意度当成一项重要的管理依据，适时对政策、管理模式等进行调整。可见，游客满意度会受到预期期望的直接影响，这一点已经得到了学界的一致认同。

2. 主客交往

Reisinger 和 Turner（1998）以澳大利亚旅游业为研究对象，重点分析了说通用语的游客是怎样与东道主进行交流的,发现两者之间存在的文化差异有利于促进跨文化的发展,也对日后的重复探访产生积极影响,是游客满意度提高的重要因素。Pizam等(2000)把心理学"交往模型"引入研究中,从以色列游客中随机选择了388名为研究样本,发现如果游客与东道主之间保持着紧密的社会关系,彼此之间就能形成情感依赖;如果东道主与游客之间的社会关系是和谐、融洽、紧密的,游客在旅游过程中就会产生较高的满意度。张宏梅等(2010)以阳朔游客为研究样本,发现游客与东道主之间保持着怎样的联系会对阳朔景区的形象造成直接影响,继而影响游客满意度,反映出主客交往给游客满意度带来影响的过程中,旅游目的地形象具有中介作用。

3. 目的地形象

在研究过程中,部分学者发现游客满意度与行为意愿会受到旅游目的地形象的直接影响(Bigné et al., 2001)。Barroso等(2007)在研究中把游客细致地分解成4种类型,重点关注了游客是否对旅游形象表示满意,并创新性地把旅游目的地看作一个整体形象,发现来自4个旅游市场的游客满意度的高低都会受到旅游地形象的影响,两者保持着正相关关系。Chi等(2008)深入阿肯色州,请345名游客填写调查问卷,在对问卷数据进行分析时运用结构方程模型,发现游客满意度与旅游目的地形象之间存在着紧密联系。宝贡敏等(2008)重点对旅游目的地游客满意度进行调查,提取了6个重要的影响因子,着重研究了日本和韩国人群对旅游目的地杭州的形象的看法,发现影响最大的因子就是旅游地形象。

4. 旅游动机

在对游客旅行满意度进行研究时,旅游动机是重要的研究起点,如果游客产生了强烈的动机且得到了满足,就会对旅游表示满意。Dunnross等(1991)在研究中进行了实地调查,目的就是探明游客动机与满意度之间存在着怎样的联系,以225名乘坐10辆旅游中型巴士的游客为研究样本,在分析旅游动机的过程中,发现这部分游客的满意度与他们的旅游动机紧密相关。结合调查数据,发现游客的旅游动机主要包括逃避现实生活、增进人际交往、追求文化等方面，此类因素均能给游客满意度带来影响。Choongki 等（2004）基于因子分析法对游客的旅游动机进行探讨，发现广播与电视两大媒体对国内游客造成了较大的影响，而旅行社与朋友介绍则对国外游客造成了显著影响，国内外旅游企业在促销策略方面有明显区别，由此进行了双因素方差分析，表明游客动机与类型都会影响其满意度。Yoon 和 Uysal（2005）将塞浦路斯的游客作为分析对象，通过实证分析，发现游客满意度并没有受到推动动机的影响，但拉动动机却会对其造成消极影响，这就要求旅游目的地管理者要致力于游客满意度的提升，提供良好的旅游产品与服务，以此增强自身竞争力。

Smith（2010）对美食旅游行为进行分析，以推拉动机理论为基础，构建了一个因果模型，并运用多元回归分析方法对国际烹饪活动收集到的数据进行深入分析，发现游客参加美食活动的动机包括受到新奇事件的影响、追求美食等。拉动动机包括基础服务与支持服务，能直接预测游客满意度。张言庆（2011）在对游客的旅游动机进行研究时，构建了递进理论模型。在这一模型中，游客在旅游动机的驱使下选择适合自己的旅游目的地，产生期待之后去旅游并获得真实体验，对满意度进行评价。在研究中，对青岛休闲游客的旅游动机进行调查，以聚类分析的方法把游客划分为观光游客、度假游客以及综合游客三大类，通过方差分析，发现他们在旅游过程中的满意度存在显著差异。王芳等（2015）指出，中国女性游客到韩国旅游，其动机有所不同，每一种旅游动机都会影响游客满意度，彼此之间的关系可以描述为倒 U 形。不管是旅游动机较高还是较低，满意度都不高，只有保持着适中的动机，游客的满意度才比较高。所以，旅游期望与真实体验都会受到旅游动机的影响，旅游动机也会对满意度造成间接影响。

5. 体验真实性

一些研究人员对旅游的真实性进行了探讨，他们认为体验真实性不仅与游客的个人体验紧密相连，而且也与特定的旅游景观密切相关（Beverland et al.，2010）。个人对真实性的感知会受到经验的影响，且建立在活动主观评估的基础之上（Belhassen et al., 2008），足以体现出内在的真实性是不存在的。Jorgensen 等（2014）在实证分析之后指出，游客满意度会受到体验真实性的直接影响，两者存在正向关系。Ramkissoon 等（2013）将到非洲岛屿国家旅游的游客作为样本进行研究，发现游客满意度会受到体验真实性的影响，两者之间存在着正相关关系。Lu 等（2015）通过对历史街区游客体验的真实性进行实证研究，揭示了这种真实性对游客满意度的显著影响。Akhoondnejad（2016）把 301 名来自不同地区的伊朗土库曼萨赫拉游客作为研究对象，发现游客满意度会受到感知真实性的影响。高燕等（2007）在调查中了解到，游客在黑衣壮族聚居区旅游时，文化真实性感知会积极影响其满意度。她进一步意识到在对游客满意度进行分析时，游客体验真实性是一个关键的影响因素，游客尤其重视文化遗产和历史街区的真实感受，但与广西旅游相关的内容比较少，这就为实证分析与研究带来了一定的不良影响。既往学者发现，游客日后的行为意图会受到其满意度的影响（Oliver，1980）。

在研究中，学者同时对满意度造成的影响、前因后果等进行研究，能看出满意度就是游客对旅游产品与服务产生的良好看法，这是游客发自内心深处的一种看法。与此同时，满意度较高的游客，日后可能会再次到该地旅游，也会积极进行口碑传播，产生推荐意愿。通过梳理上述文献资料了解到，许多因素都会对游客满意度造成影响，学界在研究中以游客动机、主客交往、感知价值等为重点，但除了这些因素以外，满意度也会受到游客个人情感、感知质量、在旅游目的地的逗留时间、交通设施等因素的影响。

2.4.3　游客满意度的测评研究

1. 测评指标

游客满意度这一概念复杂程度较高，在对其进行衡量时可以采用多样化的方法，也要按合理的标准进行测评。测评满意度，为游客满意度的改进奠定了基础，能为旅游目的地总体水平的提升做好准备。然而，游客与目的地都存在鲜明的特征,各自有着较为明显的差异,在对游客满意度进行测评时,不同学者采取的方法与标准存在区别。董观志等(2005)指出,旅游目的地客流量的增加,前提就是要游客满意,为了确定哪些因素能够影响游客的满意度,在建立评价模型时,需要将这些关键因素综合考虑并纳入其中。马天等(2017)指出,在对游客进行满意度测评时,构建的模型要体现出期望与现实之间的不一致程度,游客满意度要与产品经验、获得的收益、付出的成本、各个阶段的体验等紧密联系,不能只是对期望与体验进行对比。

2. 测评模型

在对服务质量进行评价时,国内外学者在长期研究中不断探寻有效的评价方法,提出了多样化的建议,形成了几种成熟度较高的模型。Martilla 和 James(1977)提出了能用于实证分析的模型,Parasuraman 等(1988)构建了 SERVQUAL 模型,Cronin 等(1992)构建了 SERVPERF 模型等。在这些模型中,SERVQUAL 和 SERVPERF 这两种模型,在对保险、酒店等行业服务质量进行评价时被广泛运用。1988 年,Parasuraman 等人创建了 SERVQUAL 模型,构建这一模型,前提就是顾客对服务质量产生的期待与真实感受之间有差异,由此形成的测量量表中共有 22 道题目。两年之后,这几位学者以原有量表为前提,对提问语气与方式进行调整,形成了新量表,新量表更能匹配研究对象的实际情况,在国家森林、航空等多个领域的运用都取得了良好效果,能对顾客满意度做出客观评价。Akama 等(2003)来到 Tsavo West 国家公园,对这一景区的游客进行满意度调查,重点关注游客满意度与旅游产品质量之间有怎样的联系。接受调查的游客来自不同的国家,数量达到了 200 人,在评价中运用了 SERVQUAL 量表,发现七成以上的游客都在该景区产生了良好的旅游体验。

在研究中发现,肯尼亚旅游业绩出现了大幅下滑,是由大量外部因素造成的,不能把所有责任归咎于公园旅游产品质量的下降。SERVQUAL 模型得到了广泛运用以后,Cronin 和 Taylor(1992)采用 SERVPERF 法对顾客满意度进行评价,与 SERVQUAL 量表相比,评价指标与维度划分不存在明显区别,最明显的区别就是 SERVQUAL 只能对游客感知进行评价,却没有关注游客期望。两个模型都得到了部分学者的认同，但究竟哪一个模型能产生更好的效果，专家学者说法不一。Quester 等（1997）在对澳大利亚广告公司的客户满意度进行测评时，先后运用了这两个模型，经过对比之后发现在整体预测方面能产生良好效果的是 SERVPERF。龚奇峰（2011）深入探讨了上海教育服务领域的客户满意度，经过信度和效度验证后得知，在对我国教育行业顾客满意度进行测评时，能得出客观评价结果的是 SERVPERF 量表。方宇通（2012）对两种量表在顾客感知服务质量评价方面产生的效果进行分析，发现两种量表的信度与效度都比较高，在变异解释能力方面也没有显著区别，但更易于操作的是 SERVPERF 量表。与此同时，谢彦君等（2014）在对游客期望进行分析、探明影响满意度因素的基础上，构建了能对旅游体验质量进行合理测算的模型。连漪等（2004）在对顾客满意度进行研究时，充分运用了 Fornell 提出的理论，为游客满意度构建了合理的测评模型，即 TDCSI 模型。经过实证分析了解到，这一模型能得出科学合理的结果。构建测量模型、创建测评体系，这些都引起了国内外学者的共同关注，其在选择评价方法、进行实证分析方面付出了努力，为旅游产业的发展打牢了理论基础。

2.5 文献评述

在本章中，阐明了需要研究的问题并进行文献综述，包括广西旅游、感知价值、满意度等内容，理顺了多个变量之间的关系，为理论分析奠定了基础。文献综述的目的就是对其他学者取得的研究成果进行汇总，对需要解决的问题建立正确的认知，加深对研究现状的了解，找到研究盲点，找到研究切入点与创新点。同时，也对本研究与既往学者的研究进行对比，找到欠缺之处，明确研究方向。

1. 游客体验真实性相关实证研究较少

国外学者在游客体验真实性方面的研究中善于采取定性与定量两种研究

方法，得出了成熟结论。国内学者在研究中虽充分利用了西方学者提供的游客数据，却没有对我国游客真实性进行研究，实证分析数量较少，而且没有从微观层面入手深入地分析中介变量与调节变量产生的影响。从同阶段情况看，学界在对游客体验真实性与满意度之间的关系进行分析时，没有充分考虑到每一个维度会对满意度造成怎样的影响。在对旅游体验的真实性进行探讨的过程中，众多国内外研究者普遍将文化遗产作为研究的焦点（Kolar et al., 2010; Bryce et al., 2015），却没有把广西旅游当成研究对象。尽管在文化遗产游客真实性研究方面，国内外学者已经得到了较为成熟的研究成果，但广西旅游毕竟较为特殊，与文化遗产游客真实性有关的研究成果不能直接运用。

2. 游客感知价值的动态研究有待加强

通过梳理文献资料可知，当前学界在研究感知价值过程中，基本以静态研究为主，而且只是以游客的一次消费行为为研究对象，并没有从游客感知价值方面入手进行动态分析。在游客的购买过程中，他们的价值感知会随着阶段的不同而发生转变，这种动态的价值感知能够揭示游客对产品及服务的持续态度是如何形成的，动态视角分析比静态研究更能得到可靠而科学的结论，这对分析游客满意度意义重大。所以，本书采用多视角研究游客感知价值。

3. 感知价值和满意度之间的关系尚存争议

在市场营销领域，众多研究者聚焦于探讨顾客感知价值与满意度之间的关联，这一议题引发了广泛的讨论和分歧。部分学者强调，在探究感知价值的过程中，顾客满意度扮演着关键的前置影响因素（Petrick et al., 2001），一些学者持不同观点，他们主张在购物的各个阶段，游客都会形成对产品的感知价值。然而，他们认为满意度的产生是在购买行为实际发生后，而满意度的评估则是理解顾客态度的关键。因此，在众多学者以顾客感知价值为研究对象进行深入分析时，满意度往往被视为一个结果指标（Brady et al., 2001）。本书指出，要想让游客的满意度得到提高，最合理的方法就是要把有价值的产品与服务提供给游客，这意味着感知利益明显高于感知成本，游客满意度与感知价值之间保持着正向关系。

4.真实性对感知价值的影响研究有待深入

在游客消费的各个时期,感知价值普遍存在,在对游客消费进行研究时,感知价值是一项重要内容。通过文献梳理了解到,许多因素都会影响感知价值,其中包括真实性,但很少有学者以实证分析的方式探明两者之间的联系(Kolar et al.,2010)。随着旅游业的快速发展,游客向广西旅游的真实性提出了越来越高的要求,这也将使游客对价值的感知产生显著影响,因此在研究游客感知价值时,确保游客体验的真实性成为一个至关重要的考量因素。

第 3 章　理论基础

3.1　情绪评价理论

3.1.1　情绪评价理论的概念

在本研究中，情绪评价理论具有重要指导作用，其指从情感视角出发分析游客的情绪与个体行为之间有怎样的联系。在心理学研究中，学者们对情绪的本质要义、发展过程、影响因素等问题进行了研究，努力运用简洁的语言对各种情形之下复杂的情绪现象进行分析，提出了一系列有说服力的理论框架，涵盖了基本情绪模型、维度分析理论、认知归因原理以及评价理论等。对这些情绪理论进行全面的审视，可以将其归纳为两大主要学派：功能主义和结构主义（孟昭兰，2000）。结构主义理论与功能主义理论在本质上有显著的不同，都认为情绪并非单一实体，而是由多个组成部分构成的，包括生理、认知、环境等，这些在情绪产生的过程中都会有直接影响。在结构主义理论中，情绪评价理论更具说服力和科学性，其指出情绪是在评价的过程中慢慢形成，部分动机与行为是由情绪转化而来的。在心理学研究领域，学者们尝试在评价理论的支撑下统一情绪理论，这是因为评价理论能把古典情绪思想系统地汇总到一起（Moors et al.，2013），而且对情绪的本质做出了合理解释，在解决实践问题中产生了良好效果（Scherer，2001）。

评价理论围绕两个核心内容展开研究，首先，情绪是个体在分析和评估过程中产生的，个体为了更有效地保障自己的利益，会对所处的环境进行适应性评估；其次，由于给出了不同的评价，情绪出现了差异，这意味着如果个体能明确其应该以怎样的方式对环境做出合理评价，就能预测其将产生怎样的情绪（Smith，2009）。相较于其他情绪理论，评价理论能够对情绪反应的复杂性提供更为合理的阐释，能对情绪的产生、结构、演进、机理等进行分析，还可以根据实际条件对个体可能出现的情绪波动展开预测。

20世纪60年代，Arnold提出了情绪评价理论，认为个体的情绪体验建立在知觉的基础之上，是受到了某一事件的刺激产生的，个体对刺激事件产生了怎样的知觉依赖于评价过程。Arnold表示，这种情感反应之所以会在个体身上出现，就是因为他们对所处情境建立了某种知觉。在解释这个道理时，Arnold讲了一个形象的故事：在茂密的森林里，如果某个人面对一只凶猛的黑熊，心中瞬间会产生恐惧感；如果看到动物园里的黑熊，非但不会感到恐惧，反而会感到惊喜，产生了解黑熊的兴趣。Arnold指出，个人对环境刺激做出评价之后，引发某种情绪体验，认知就会与情绪整合到一起，对个体动机、行为、愿望的产生起到诱导作用，这意味着某种行为或动机是由情绪转化而来的。例如在上述故事中，个体处于不同的情境对黑熊的反应是不同的，在森林里会远离黑熊，在动物园中会亲近被关在笼子里的黑熊。

Lazarus（1966）对Arnold的研究结果进行细致分析，促进了情绪评价理论的发展，为认知评价理论构建了完善的研究框架，指明了3个核心要素。在Lazarus看来，个体产生某种行为，实际上就是一个完整的过程，以评价为基点形成认知，再进行应付，与之相对应的分别是认知、情绪、行为。在对个体行为进行分析时，要把环境、认知、情绪、应付这几个环节串联到一起，可以从以下三个方面进行阐述，形成一个连贯的认知过程：一是情绪的发展离不开对环境信息的依赖；二是在短期或长期评价的基础上，情绪逐渐形成；三是情绪是一种心理反应。伴随着认知评价理论的逐渐完善，Lazarus进一步意识到个体在社会中生存，与社会环境互相影响，认知将决定着情绪，情绪能起到认知评价的作用，也是认知评价的必然结果，产生了某种情绪之后，能出现一定的行为后果。

Lazarus 在对"评价—应激—应付"这一概念进行描述时,将认知评价作为核心要义。例如,人们把攻击行为当成一种原始行为,将个体对攻击行为的理解视为一种天然的本能,在结构主义理论框架内,攻击行为被视作一种由多个组成部分构成的复杂反应。在探讨攻击行为形成机制时,这一理论提供了以下观点,能意识到攻击源自愤怒感,产生了愤怒感则是因为在评价中把挫折当成了一种重要媒介,之所以会发生攻击行为,正是由于个体在特定环境中遭遇了挫败,这一现象被视为环境刺激的直接后果。在深入剖析攻击行为成因的过程中,要对受到挫折的环境进行评价,做出这种评价之后产生了攻击行为,同样也可以表达为个体在面对挫折时,对其经历的评估触发了攻击性行为的产生。Lazarus 提出的认知评价理论,对于如何界定情绪进行了补充,认为所有情绪都能体现出评价、行为倾向、生理变化这三大特征。将这三种情绪特质融合在一起,形成了一种独特的模式,而这种模式本质上就是具体情绪的具体体现。在情绪研究领域,当前学者不再只关注情绪是怎样对人们的行为反应产生影响,而是更加细致地分析人们的情绪体验是由哪些因素造成的,也重点关注了情绪体验是怎样对人们的情绪状态、行为产生影响的(Williams,2014)。学者们在研究过程中,得到了情绪评价理论的有力支撑。

3.1.2 情绪评价理论的评述

Arnold(1960)是情绪评价理论的提出者,此理论对情绪方面的研究贡献巨大,不管是情绪评价理论自身,还是以其为基点形成的认知评价理论,都为情绪及行为研究方面问题的解决奠定了理论基础,也给无数学者带来了启迪。Hosany(2011)认为,当前已经有许多学者从不同视角出发分析了顾客情绪与行为之间的联系,细致分析了不同情绪会对顾客行为产生怎样的影响,或者消费者的各种行为模式是由哪些情感驱动的。在探讨情绪的生成机制时,学者们进一步意识到情绪就是对个人信息进行处理并做出评价之后形成的心理状态，Roseman（1991）明确指出，人们对某一事件做出评估、产生理解，不只是关注了事件本身，而是对产生情绪的根本原因进行分析。Frijda（1993）也提出了同样的观点，例如产生了喜悦的情绪，很有可能是因为个体觉得某种良好的结果是触手可及的，或是对某个事件做出了有益的评价；产生了愤怒的情绪，则有可能是个体意识到某个事件会遭到他人的斥责，或是在事件发展的过程中会遭到阻碍。所以，面临着同样的事件，或是在相同的情境中，要想让所有个体都能产生相同的情绪体验，必须让他们能做出相似的评价。同理，如果能引导不同的个体对某个情境或某个事件产生不同的认知，他们的情绪体验也是有差异的。

Zeelenberg 等（2004）在研究中指出，评价的目的就是对各种情绪控制机制进行引领与分化。在前期实证分析中，有学者找到了证据，面对相同的事件，如果不同的个体给出了不同的评价，其情绪反应也是有差异的（Roseman，1991）。例如，在观看同一场体育比赛时，参赛者的刺激结果相同，但在比赛中取得了不同成绩的个体，对比赛的理解是不同的，也能产生不同的情感反应。

Bagozzi 等（1999）认为，在对行为进行研究时，情绪认知评价理论意义深远而重大，他们一致认为，情绪不只是简单地因为某个事件的发生而引起的，也不是在特定的环境中形成的，而是因为个体对该事件与情境做出了心理评价，由此形成的反馈结果对个体行为产生了积极影响和某种具体行为。有些学者也得到了类似的理论研究成果，形成了更加清晰的研究思路，即在分析消费行为中顾客产生各种情绪的原因时，同时评价这些情绪是怎样对其消费行为产生影响的（Bagozzi et al.，1999）。

Dube 等（2000）以这些概念为基础，对认知评价理论进行深入分析，将其运用于对顾客行为的研究，构建的研究框架同时囊括了多样化的元素，还包括顾客评价、情绪、满意度、交易行为这几个变量之间的关系。Watson 等（2007）细致分析学者们提出的概念框架，在认知评价理论框架下，个体行为与情绪的关联性分析揭示了两者之间的内在联系，明确了研究方向，认为顾客行为是在外部刺激之下形成了情绪的后果，顾客行为包括决策、满意度、行为这几项内容。

现阶段学界在对个体行为进行研究时，并没有结合情绪进行实证分析，与之相关的研究成果尚不丰富。Nyer（1997）认为，顾客口碑推荐行为会受到多种情绪的影响，包括愉悦、悲伤、气愤等，并对彼此之间的关联性进行分析。Nyer（1997）认为，顾客的认知评价会对动机行为产生影响，情绪能产生中介作用，如果顾客感到愤怒，其对事件评价产生的感知就会对口碑推荐行为产生消极影响；如果顾客感到愉悦，在顾客感受到的事件评价与不良口碑推荐之间产生的中介作用就是积极的。Soscia（2007）在研究中了解到，认知评价、行为、情绪之间存在着不可分割的联系，深入分析后了解到，在评价的刺激下形成了某种具体的行为，在对顾客是否能重购、是否会产生抱怨、是否能推荐他人进行预测时，情绪是一种重要依据。Dalakas（2005）从旅游餐饮业中选择了具体的研究案例，以视频记录对餐厅里的顾客在接受服务过程中对各种事件做出的评价，分析得出这些顾客的评价引发了不同的情绪反应，通过顾客的评价能对其产生怎样的情绪反应进行有效预测。

DelBosque 等（2008）重点分析了期望不一致是以怎样的机理对顾客满意度造成影响的，设定了两个中介条件，即积极与消极情绪，细致地对顾客满意度的前因后果进行分析，认为顾客的情绪体验是通过认知评价获得的，在对满意度造成影响时，情绪体验成为中介变量，进一步影响忠诚行为。国内也有学者表示，游客行为与个体情绪保持紧密联系。张维亚等（2012）指出，游客满意度同时受到其个人情绪与期望不一致的影响。罗盛锋等（2011）认为，游客情绪分为消费前与消费后两方面，前者能以游客体验评价为中介对后者产生影响，继而影响满意度。在研究中发现，消费后情感能促进满意度的提升，但在这方面并没有找到充分的数据依据。高明（2011）分析了满意度、情绪、期望不一致之间存在怎样的联系，指出旅游体验不仅仅是一种心理上的感知，更是一种情感的体验。当游客消费旅游产品或服务时，他们的认知评价和情绪感受对满意度有着直接的、显著的影响。特别突出了认知与情绪之间的因果链条在其中的关键作用，认为游客的情绪是影响满意度的前因。

许多学者在对旅游行为进行研究时，把情绪认知评价理论当成重要依据，为了分析在不同的旅游情境下能引发游客怎样的行为，对相关数据进行了实证分析，截至目前，研究界对情绪的起源、成因以及诱发因素的探讨尚显不足，鲜有学者对各类情绪的来源进行深入分析，这些方面的研究成果较为匮乏，在对各种离散情绪怎样使个体行为发生改变进行分析时，应展开实证分析。

3.2 积极情绪扩展和建构理论

3.2.1 积极情绪扩展和建构理论的概念

越来越多的心理学家尝试对积极情绪进行研究，Isen 就是杰出代表。他先是对正性与负性情感分别具备怎样的功能进行对比分析，然后指出正性情感能使个体在复杂的环境中妥善处理具体的事件，逐渐增强决策能力（Isen et al.，1987）。在这一研究成果的启迪下，学者们着手分析人们的认知能力与正性情感之间的联系，逐渐成为心理学的主要研究课题。不久之后，Seligman（2000）对"积极情绪"这一概念进行了内涵分析，一场以积极心理学为核心的思想学潮轰轰烈烈地开展着（Sheldon et al.，2001）。积极心理学在对人类的心理活动进行研究时，逐渐摸索出许多成熟有效的实验方法、合理的测量手段，关注了人类正向的情感表达。对积极心理学的本质进行分析，实际上就是分析人的认知功能与行为、积极情绪之间的关系。一般而言，积极情绪能让个体具备解决问题的能力，也能实现决策水平的提升，个体面对复杂的信息时，能有效地加工与处理，而且敢于创新。Isen（2001）

认为，在多样化的消费场景中，积极情绪可以通过服务、广告、产品等诱导体现其属性特征，发挥功能作用，由此对顾客起到刺激作用，使之发生某种预期的行为。这一理论的得出，为心理学家构建完善的积极情绪概念带来了事实依据。

当越来越多的心理学家对积极情绪建立了正确的认知，积极情绪理论便实现了快速发展，日趋成熟。Russell（1980）提出了情绪的二维结构理论，对情绪的深层含义进行了深入研究，指出情绪由两个维度的要素构成：一是效价或愉悦，分为正极与负极；二是唤起程度，分为强极与弱极。从广义上看，积极情绪有正效价，能产生正性影响。Russell等（1999）对积极情绪给出了形象的定义，认为积极情绪就是当人们处于顺境之中，从内心深处感受到快乐，由此获得了美好感受。Lazarus（1991）通过情绪评价理论点明，在追求目标的过程中，一旦个人取得进展或获得他人的赞同，随之而来的心理状态便是积极的情感体验。Fredrickson（2001）是积极情绪研究者的优秀代表，在他看来，积极情绪就是当人们从事一些有意义的事情时产生的心理反应，例如感激、愉悦、骄傲、快乐等，这种感受是独特的、暂时性的。

在对积极情绪进行研究与分析时，国内学者在其定义上达成了意见统一。孟昭兰（1988）在探讨积极情绪的形成时，认为积极情绪的产生源于需求的实现，这种情绪与愉悦的主观感受是紧密相连的，对人们的积极活动与能力起到了促进作用。郭小艳等（2007）指出，积极情绪就是发生的某件事或是受到的内部与外部刺激使人获得了愉快感，这种正面的情绪不仅能够激发日常的行为动机，还能够对个人的思维方式产生扩张效应，产生强烈的启动效应，也能让个体资源得到建设，对消极情绪的激活水平起到平抑的作用，整个组织将获得更高的绩效。情绪研究中存在着这样的代表性观点：个体的特定行为往往是由某种情绪体验触发的，即情绪能产生某种驱动力，所有特定的行为都是在情绪的影响下发生的，积极情绪能以独特的方式改变人的世界观，也能挖掘人的潜能，调节人际关系，产生焕然一新的效果，创造较高的社会效益。

以上述理论研究为基础，Fredrickson（1998）深入分析怎样才能拓展积极情绪，并对如何建构积极情绪提出了合理建议。在他看来，兴趣、愉悦、自豪等都属于积极情绪，在积极情绪的作用下，个体的即时思维流程得以拓宽。同时，个体的各种能力资源也得到有效的整合与构建，例如身体资源，最重要的一项就是身体健康；智力资源，最突出的就是理论知识；心理资源，最重要的一项就是心理恢复能力；人际资源，有代表性的是社会支持网络。在 Fredrickson 看来，除了希望、钦佩、爱慕、愉悦、感激、兴趣等，积极情绪还有其他的表现形式，所有的积极情绪都能让人们的生活充满生机与活力。积极情绪除了能激活人们的积极行为以外，也与某种积极行为之间保持着紧密联系。例如当人们感到快乐、喜悦时，会主动拥抱身边的人；当人们对某种事物产生了兴趣，会积极探寻、探究；当人们取得了某种成就，会产生自豪感，在下一步的发展中能投入更多精力；当人们产生了钦佩之感，就能沿着自己的轨迹向着光明的未来前进。Fredrickson 通过实验分析促进了理论知识应用面的拓宽，把所有被试分为实验组与控制组，采用不同的方式诱发不同的情绪，引导被试在面前的白纸上写下自己在这个时间点内最想做的事情，发现有些被试产生了宁静、逗趣等积极情绪，在纸上写下的内容最多；有些被试产生了中性情绪，写下的内容比较多；有些被试产生了消极情绪，感到恐惧、愤怒，写下的内容最少。可见，人们的思维可以在积极思维的引领下变得活跃，积极情绪的扩展成为可能。

个体可以通过积极情绪获得诸多益处，这一点是值得肯定的，扩展与建构理论细致地解释了个体通过积极情绪能获得哪些良性结果并归总为五种（郭小艳等，2007）。一是一般行动会被积极情绪激活，使人们产生更加积极的行动，例如快乐的情绪能让人们积极地参与游戏，不再受到限制，产生创新的意愿；二是积极的情绪有助于拓展个体的思维活动链条，从而扩大人的认知边界，就像在体验到幸福情绪之后，个体的注意范围会越来越大，认知灵活性也逐渐增强，认知地图实现更新；三是正面的情绪有助于个人资源的积累，提升社会适应力，比如在感受到快乐情绪的时刻，人际关系会变得更加融洽，主动伸出援手，积极融入集体，这些行为源于个体能够自发地为他人提供支持；四是正面情绪可以在不同成员间相互传播，从而提升团队的整体效能。比如，鼓舞人心的氛围能够让组织内的每位成员都怀着愉悦的心态投身于工作中，他们之间相互信赖、相互扶持、互相协助，共同努力以完成目标并提升业绩；五是正面情绪在生理层面能够发挥缓解作用，抵消消极情绪对个体的不利影响。

因此，一旦体验到积极情绪，人们的思想将更加自由，创造性也能越来越强，采取行动的出发点得到有效扩展，人们的思想与行为意识不再受到常规的束缚，变得更加广泛。例如形成了愉悦感之后，人们的创造力会越来越强，产生探究未知的冲动；形成了宁静感之后，人们能沉浸于当前的情境之中，使自己与周围世界融为一体。Fredrickson在此基础上，对怎样扩展积极情绪、以怎样的机构建构积极情绪进行了深入分析，个体的思维、资源等都会在积极情绪的带动下实现更新、增加。在这一过程中，积极情绪能让个体拥有更加丰富的人际、心理、智力、身体等资源，这些都会促进个体的积极发展，把这些资源汇总到一起，能使个体的主动性得到充分发挥，个体的思维与行为将更加积极，由此产生积极的行为结果，使身边的人和整个组织甚至是社会受益（Fredrickson，2003）。

3.2.2 积极情绪扩展和建构理论的评述

关于积极情绪的产生，形成了两种影响力较大的观点。一种观点由临床心理学家提出，认为积极情绪来自遗传或进化，这种生理特质是与生俱来的，外界因素不会对其产生过多的干扰，即使会被一些突发事件或环境影响，也会很快进行自我调整并恢复到原有的状态，达到正常的生理水平（Isen，2002）。另一种观点由心理学家和社会学家提出，认为情绪不只是由生理唤醒的（Lazarus，1991），要从多个方面入手分析哪些因素能导致情绪的发生，包括环境氛围、社会文化、身体健康状况、生理状态、个人经历等

（Diener，2009）。这两种观点并不矛盾，但由于出发点有所不同，研究的侧重点也有区别。Fredrickson 在对积极情绪进行扩展与建构过程中，显然更认同后一种观点，并基于 Arnold 等的情绪评价理论，细致分析了专注于离散的积极情绪是按怎样的路径影响个体行为活动的。

在对积极情绪怎样促使人们产生积极行为进行分析时，积极情绪扩展与建构理论在实证分析方面还存在较多的不足，但许多学者在研究中发现，人们的消费行为会受到积极情绪的正向影响。

20 世纪 80 年代，Holbrook（1987）参照大量文献资料编制了一套较为完善的情绪量表，在对情绪状态进行描述时，重点关注了 3 方面的内容，即愉悦度、掌控感、唤起水平，深入分析了消费者在对广告产生的反应时，个体情绪产生了怎样的中介作用。在广告领域的研究中，Olney 等（1991）在研究中运用的 PAD 量表由 Mehrabian（1996）开发，对消费者观看广告之后产生的反应进行测量，发现实验过程中，被试如果产生了强烈的愉悦感或唤醒程度比较高，就会对广告产生积极态度，其行为也将发生积极改变。Steenkamp 等（1996）深入分析了人们观看广告且对广告做出评价时潜在唤醒水平与程度是否发生改变，得出了较为相似的结论，即消费者的积极情绪如果比较高，就能对观看的广告做出良好评价。在对消费者满意度进行研究时，Westbrook（1987）重点分析了消费者消费体验与情绪反应之间形成了怎样的联系，消费者情绪会对其购买行动的趋势起到引领作用。Oliver（1993）发现产品属性在影响消费者满意度的过程中，情绪反应是重要的中介因素。

Mano 等（1993）在研究中运用了 Watson（2009）编制的 PANAS 量表，发现消费者的满意度、情绪、评价之间有着复杂的联系。自 20 世纪以来，营销学领域越来越多的学者指出，在对消费者的行为进行研究时，需要重点分析消费者的行为与个体情绪之间的关系（Bagozzi et al.，1999）。与此同时，积极情绪是怎样对个体行为产生影响的，这一课题引起了行为研究学家的重视，Phillips 等（2002）指出，消费者行为会受到积极情绪的影响，在对消费者满意度进行预测与解释时，必须关注积极情绪。消费者的行为与积极情绪之间有怎样的联系,这引起了国内学者的重视。有学者在研究中指出,做出决策时的心理机制会受到积极情绪的影响,这样有利于做出正确决策,风险决策的偏好直接影响到消费者的行为倾向,使得他们的选择行为变得更加多元化,并对消费者的体验导向型决策产生了显著的影响(李爱梅等,2009)。

需要注意的是,上述学者在研究中只是把积极情绪当成一个整体,没有对具体的每一种离散积极情绪的特征进行分析,也没有指明这种情绪能发挥出怎样的作用。Williams等(2014)深入分析了消费者行为与离散情绪之间的关系,明确指出在情绪研究过程中,学界已经调整了重心,更为关注的就是人们的特定情绪体验是在哪些因素的驱动下形成的,而这些情绪体验与人们的哪些行为之间有必然联系,也细致分析了情绪对个体行为的影响机理。所以,在对具体某种积极情绪的作用与功能是怎样发挥的进行研究时,需要得到积极情绪扩展和建构理论的支撑。

3.3 道德判断的社会直觉理论

3.3.1 道德判断的社会直觉理论的概念

曹洪军(2015)先是对Haidt提出的道德基础理论进行梳理与总结,认为该理论主要由4项内容构成,其中直觉论代表是最为关键的部分,其他3项分别是文化发展论、先天论、道德多元论。社会直觉理论就是建立在直觉论基础上的,这一理论指出,直觉与推理分别处于前、后的位置,在道德抉择中,人们往往依赖道德直觉而非纯粹的逻辑推理来形成判断。道德直觉和推理代表了两种不同的思维路径,尽管如此,在道德直觉的认知过程中,情感的比重较大,是形成道德判断的关键因素。本质上,这种理论与情绪评估理论有着密切的联系。人们在感知道德情境时进行评价,而这种评价所形成的道德直觉中融入了情绪元素，受到道德情绪的左右，进而导致个体的道德行为发生变化。Haidt（2010）对社会直觉理论的内涵进行深入分析，认为道德判断会受到情绪的影响，推理过程与直觉过程之间有着较大的差距，不能把两者放在一起评论。人们在做出道德判断时，认知与推理发挥出的作用只能对道德判断的结果做出解释。据此，可以对道德判断的社会直觉理论模型进行分析，将其梳理为"情境—直觉—判断—推理"这样的路径，情绪过程发生在道德直觉与判断之间，在道德判断与推理的相互作用中，认知过程扮演着关键的角色。Haidt 等细致地解释了社会直觉理论，也对这一理论相关的内容做出了解释，例如在道德直觉的引导下，孕育了道德信念与道德动机这两个核心概念。道德直觉的形成排在首位，随后是对道德情境的判断，最后是通过推理来深化理解。这三个阶段的发生顺序是固定不变的，道德判断是由道德直觉产生的，具有自动、快速的特征，道德推理则恰恰相反，速度缓慢，是有意识的判断，道德推理仅为结果，不能让由情绪造成的道德判断结果发生改变。道德推理只是人们在出现了某种行为结果之后做出的解释，一旦个体确立了道德评价，道德推理便能够为这些评价提供合理的依据。若要促使某人的道德评价发生转变，关键在于重塑其道德直觉，而非对道德推理的流程进行修改（Haidt，2001）。为了具体阐述上述概念，需要明确指出情绪如何影响人们的道德决策。换言之，情绪在人们的道德评价过程中扮演着调节的角色，不能因为认知先入为主而使道德判断发生改变。

3.3.2 道德判断的社会直觉理论的评述

当代学者在研究中愈发感受到在道德判断中情绪的重要性，Haidt 在社会直觉理论中指出，在道德判断之中，情绪居于核心位置（喻丰等，2011）。Haidt 等（1993）认为，当人们面临着一些无礼的人或事，在做出道德判断的过程中，人们的情绪反应能对道德判断的结果进行精准预测。Wheatley 等（2005）在实验中运用了催眠暗示法，通过这一手段对处于无意识状态的受试者进行操作，以诱导他们对某些中性词汇产生反感情绪，形成消极情绪之后，让他们观察一组描述不道德行为的图片并做出评价。实验发现被试在做出道德判断的过程中会受到这些中性词的影响，对一些带有阈下情绪启动词的图片表示不齿，足以体现这些图片对被试的道德判断行为产生了影响。在这方面，有些学者还进行了其他实验，Greene 等（2001）为探明情绪在道德判断中发挥的作用时，利用生理学的实证研究，对实验参与者的大脑进行了磁共振成像，结果显示在特定的道德情境设计下，实验对象的情绪状态发生了变化，并且这种变化在生理层面上得到了体现。同时发现当与情绪有关的脑区被激活时，就能预测人们做出了怎样的道德判断。Valdesolo 等（2006）进行了一项实验，把被试分为两组，一组观看喜剧短片，另一组观看纪录短片，在观看之后面对同样的道德事例，两个组别被试的严格程度出现了明显区别。通过分析，可以观察到，道德评判可能不仅仅受到情绪价值的单一影响，同时还受到不同类型情绪的复合作用。Kliemann 等（2008）在研究中搜集了确凿的证据，研究表明，道德评价可能受到多种情绪因素的影响。在实验中，研究人员采用了多种刺激方法，使得受试者对故事中的角色形成了完全不同的看法。随后，在确保不受外界干扰的条件下，让受试者对故事角色进行道德评估。结果显示，当受试者对故事角色持有负面印象时，他们在进行道德判断时往往会认为这些角色的行为极其不道德，并认为是出于恶意，因此应受到责罚。另外一部分被试则产生了积极情绪，发现他们在做出道德判断时严格程度出现了下降，做出积极的判断，愿意包容不道德的行为（Strohminger et al., 2011）。

在多样的旅行场景中，游客所进行的道德评判，本质上是个体对含有丰富道德元素的环境所形成的认知或所引发的情感反应。通过运用传统的逻辑推理方法来分析，道德判断可以被视为个体在道德体系的框架内，或者结合自身的伦理观念，对特定情境所进行的评估（Rest, 1986）。Rest 指出，道德决策过程可以分为四个连续的阶段：首先，识别出道德问题；其次，对问题进行道德评估；再次，形成道德意图；最后，实施道德行为。道德评估涉及个体对特定问题中包含的道德要素进行分析，并据此作出评价，这一步骤是形成道德意图的基础。在做出道德评估的过程中，个体可能会受到非理性因素的干扰。结合社会直觉理论，道德评估可以理解为个体对情境中是否存在违反道德规范的行为所引发的情感反应，而逻辑推理的目的则是为了为评估结果提供合理的依据（Fiske，2010）。Haidt 创建了社会直觉理论模型，学者们在一般情境之下对道德判断与情绪之间的关系进行分析时，运用了这一模型。Frijda（2008）认为，在对道德两难中不能用理性推理做出解释的判断结果进行分析时，情绪能产生促进理解的作用。现有研究表明，如果人们产生了厌恶情绪，做出的道德判断将更加严苛（Wheatley et al., 2005），但如果人们产生了愉悦情绪，在做出道德判断时将放低严格程度（Valdesolo et al., 2006）。Strohminger 等（2011）认为，道德判断并没有受到非情绪效价的影响，能对其产生影响的是各种类型的情绪。当同属积极情绪实现了提升之后，人们的道德判断会更加严格。

在旅游这种特殊的情境中，游客在做出道德判断时会受到情绪的影响，这种影响逐渐引起了学者们的重视。胡传东（2008）来到垦丁森林游乐区进行调研，发现游客的道德情绪与不正当行为之间保持着紧密联系，如果能让游客的道德情绪与责任感逐渐提升，其身上发生的不道德行为就会逐渐减少。李敬（2012）在研究中了解到，游客会在生活与工作中受到外界因素的干扰，在旅游过程中就会把负面情绪宣泄出来，由此产生一系列不文明行为，例如破坏环境等。对上述实证分析结果进行汇总，能够看出游客的情绪体验会给自身的道德判断带来影响，不同类型的情绪体验所造成的影响也存在差异。

本章先是对本研究中运用的三个基础理论进行介绍。一是 Arnold 的情绪评价理论与 Lazarus 的认知评价理论，指出将游客行为作为分析对象时，要把情绪研究当成重点内容，在对游客行为做出解释时，情绪是一个重要的前提条件，由此创建理论基础，即有些先决条件对游客产生了影响，游客对旅游环境及旅游中遇到的事物做出评价之后，产生了不同的情绪体验。二是分析 Fredrickson 提出的积极情绪扩展和建构理论，指出在积极情绪达到拓展目标后，个体的认知范围也随之拓宽，个体资源将更加丰富，个体的行为会发生积极改变，这表明在进行旅游体验时，若能激发游客的正面情绪，游客便更有可能展现出积极的行为反应。三是梳理了 Haidt 的社会直觉模型理论，认为在个体做出道德判断时，积极情绪能发挥出重要作用，如果游客在旅游过程中产生了积极情绪，就能做出良好的道德判断，在旅游过程中的不当行为就会被平抑。

第 4 章 研究的变量与测量量表

前文进行了文献综述，也对后续研究中需要运用的理论展开了细致分析，本章将对几个关键概念进行界定，以定性与定量相结合的方法确定从哪几个维度进行研究及选取变量，并结合旅游目的地的基本特征，为测量游客感知质量编制问卷。

4.1 变量的定义

由前文文献综述可知，既往学者在对旅游目的地游客满意度进行研究时，基本局限于服务营销领域，以相关理论为基础推进。在对游客满意度进行测评时，国内外学者使用美国顾客满意度指数（American Customer Satisfaction Index，ACSI）模型构建概念化模型。在构建概念化模型的过程中，学者们运用的许多变量有着相似的含义，但命名有差异，这为游客满意度研究设置了人为障碍，旅游目的地与服务营销两大领域的满意度研究无法紧密对接。因此，本节对本书研究确定的几个关键变量进行概念界定，也展开了相应的辨析。

4.1.1 游客感知质量的概念

既往学者在测评游客对旅游目的地的满意度时，基本直接运用了 ACSI 模型或是对这一模型进行小幅调整。本书将研究中运用率较高的几种模型与 ACSI 模型相对比，ACSI 模型（图 4.1），原国家旅游局编制的游客满意度结构方程模型（图 4.2），汪侠等构建的游客满意度概念模型（图 4.3），Song 等编制的香港游客满意度结构方程模型（图 4.4），以示意图的方式对 4 种模型的结构进行直观展示。

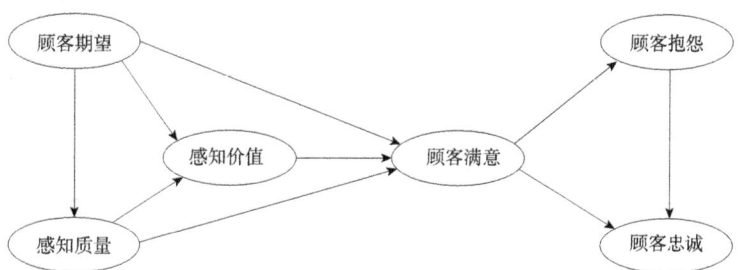

图 4.1 美国顾客满意度指数（ACSI）模型[①]

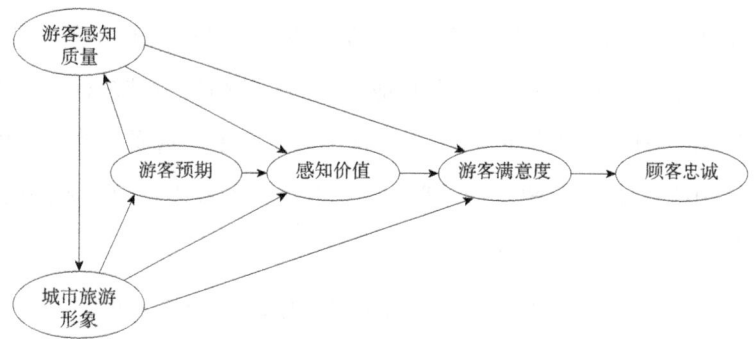

图 4.2 游客满意度结构方程模型[②]

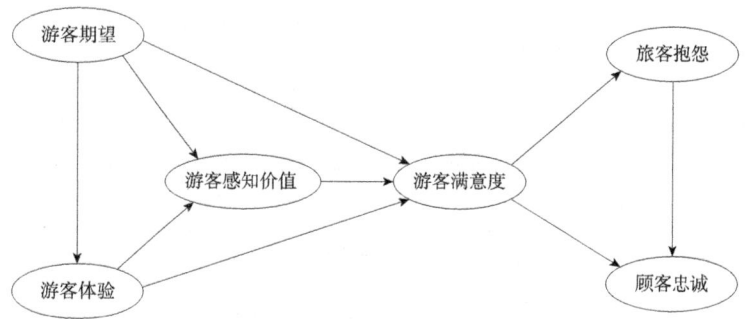

图 4.3 游客满意度概念模型[③]

---

① Fornell C, Johnson D, Anderson E, et al. The american customer satisfaction index : Nature, purpose, and findings[J]. Journal of Marketing, 1996, 60（4）：7–18.

② 何琼峰. 中国国内游客满意度的内在机理和时空特征[J]. 旅游学刊, 2011, 26（9）：45–52.

③ 汪侠, 梅虎. 旅游地游客满意度：模型及实证研究[J]. 北京第二外国语学院学报, 2006（7）：1–7.

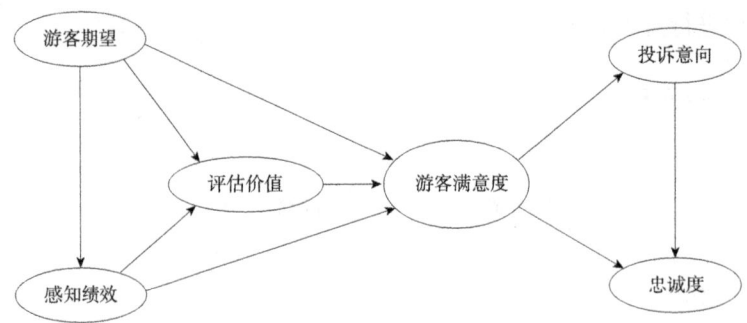

图 4.4　香港游客满意度结构方程模型[1]

通过对比图 4.1—图 4.4 能够看出，在分析同一类问题时，在 ACSI 模型中被称为"感知质量"的变量，在其他学者的相应研究领域被称作"游客感知质量""游客体验""感知绩效"。而且，长期以来，这属于普遍现象，以ACSI 模型中的变量"感知质量"举例，在其他模型或者其他学者的研究中，被赋予不同的名称和维度，见表 4.1。

表 4.1　与"感知质量"相对应的变量名称及其维度

研究者	变量名称	维度
汪侠等	游客体验	餐饮、住宿、交通、游览、娱乐、购物、整体环境
原国家旅游局监督管理司"全国游客满意度课题组"[2]	游客感知质量	总体服务质量、旅游餐饮、旅游住宿、旅游交通、旅游景点、旅游娱乐、旅游购物、旅行社服务、旅游公共服务
李馥利等	感知实绩	基础设施、旅游服务、旅游环境
Song 等	感知绩效	Attractions, Hotels, Immigration, Restaurants, Retail Shops, Transportation

---

[1] Song H, Veen R, Li G, et al. The Hong Kong tourist satisfaction index[J]. Annals of Tourism Research, 2012, 39（1），459–479.

[2] 何琼峰. 中国国内游客满意度的内在机理和时空特征 [J]. 旅游学刊，2011，26（9）：45–52.

续表

研究者	变量名称	维度
Hui 等	感知	People, Overall Convenience, Price, Accommodation and Food, Commodities, Attractions, Culture, Climate and Image
Tribe 和 Snaith	绩效[①]	Physical Resort and Facilities；Ambiance；Restaurants, Bars, Shops and Nightlife；Transfers；Heritage and Culture；Accommodation
Žabkar 等	感知质量	Destination Accessibility, Amenities, Attractions, Available Packages, Activities, Ancillary Services

资料来源：本研究整理。

基于表 4.1 中具有代表性的变量定义和维度，结合本研究对象的具体情况和特征，为了明确研究内容，本研究将与 ACSI 模型中"感知质量"相对应的变量名称规定为"游客感知质量"，其内涵就是游客来到旅游目的地之后，从总体旅游产品、文化氛围、景区及周边环境、整体形象等方面入手对旅游目的地给出的综合评价。2010—2021 年广西 14 个地级市旅游产业服务、资源与经济的空间相关性表明整体符合指数呈现上升趋势，但水平偏低，且区域差异明显，始终保持桂林、南宁两枝独秀的格局[②]。细致分析，总体旅游产品就是指旅游目的地拥有怎样的旅游资源，也要考虑当地交通、基础设施、服务、娱乐、住宿、餐饮等的影响；对环境进行评价，就是指除了总体旅游产品以外，旅游目的地拥有的物质条件，包括绿化情况、自然条件、空气质量等；对氛围进行评价，就是指总体旅游产品的社会发展情况及人文条件，包括当地居民是否欢迎外来游客、当地人在与游客接触时是否能

[①] Tribe J, Snaith T. From SERVQUAL to HOLSAT：holiday satisfaction in Varadero, Cuba[J]. Tourism Management, 1998, 19（1）：25-34.

[②] 进龙，潘慧，李瑞红，等. 广西旅游产业"资源—服务—经济"复合系统耦合协调度研究[J]. 桂林理工大学学报，2023（11）：1-16.

体现出文明礼仪、社会治安等。在本研究中，为了把这一变量细致地分解为多个维度，进行了探索性因子分析和深度访谈，以增强研究的合理性。

4.1.2 游客感知质量的操作化定义

分析研究的逻辑性，不管是能对顾客满意度进行客观测量的 ACSI 模型，还是能了解感知质量的模型，抑或是 SERVQUAL 测量法[1]，都有着共同的理论基础，即期望不一致理论。然而，这一理论本身也存在不足，相当一部分学者因为其效力不足而质疑，至于是否能直接将这一理论用于对游客满意度的研究中，需要细致分析与探究。该理论主要存在如下不足。一方面期望不一致模型最大的缺陷就是被试会以多种方式理解"期望"，导致研究者在对"期望"做出判断时会把其他比较标准混淆其中[2]。"期望"包括两种类型：一为预测性希望，就是认为事情的发展能出现怎样的可能；二为标准性期望，即认为事情应该向着怎样的方向发展。要想把握住顾客满意度是否会受到"期望"的影响以及影响程度，需要运用多样化的标准把"预测性期望"与"判断"进行区分[3]。这就表明不能直接运用期望不一致模型，而要认定其在测量顾客满意度方面能产生怎样的效力，但这样会导致该模型的适用面变窄，也将出现预测效力下降的情况。另一方面，期望不一致理论虽然对顾客满意度的出现原理和形成过程进行了说明，却不具有较强的信服力[4]。例如，如果顾客意识到不能获得最符合自己心意的产品与服务，就会考虑购买替代品。虽

---

[1] 服务质量被广泛地接受为顾客感知质量，国内外对服务质量的研究绝大多数集中于顾客感知服务质量的测度。

[2] Woodruff R , Cadotte E, Jenkins R. Modeling consumer satisfaction processes using experience-based norms[J]. Journal of Consumer Research, 1983, 20（8）: 296-304.

[3] Summers J O, Granbois D H. Predictive and normative expectations in consumer dissatisfaction and complaining behavior[J]. Advances in Consumer Research, 1977, 4 : 155-158.

[4] LaTour S A, Peat N C. Conceptual and methodological issues in consumer satisfaction research[M].Terre Haute : Indiana University Press, 1979.

第4章 研究的变量与测量量表

然顾客意识到替代品并不能达到自己的期望，也不是自己最喜欢的类型，即使购买也依然感到不满。在消费之前，顾客会对产品与服务产生明确的期望，这也是该理论提出的假设。由于顾客并没有掌握与产品有关的专业知识或消费经验不足，在使用产品与服务之前不能对其绩效进行精准预测，通常没有对产品与服务的属性进行真实的了解，但产品与服务的基本属性会影响满意度[①]。所以Oliver等（1988）指出，在对顾客满意度进行测评时，一定也要关注另外几个因素，并遵循相应的原则。科特勒（2001）认为，市场营销就是个人或组织为其他个人或组织提供由自己创造的交换产品，包括建议、服务等，使自己的需求得到满足，属于社会与管理过程。从中可以看出，市场营销这一概念中强调了要了解顾客需求，这意味着顾客满意就是顾客的需求得到了满足。Juran（1988）和Senge（1990）强调，产品与服务质量的提升是企业最应该做到的一点，要让顾客感到满意，不能只是满足于质量符合顾客期望，而要让质量与顾客的需求保持一致，才能让顾客真正满意。这表明顾客是否满意取决于其自身需求是否被满足。Westbrook等（1991）构建了能分析顾客需求得到了何种程度的满足模型，该模型能反映出产品或服务与顾客需求的满足程度之间形成了怎样的联系。相当一部分学者指出，"顾客需求满足程度模型"能更加客观地解释顾客满意度的形成过程，其解释力与信服力明显超出了"期望不一致模型"。

因此，本文明确指出，游客感知质量就是一种以需求为基点的感知质量，游客结合自己的旅游需求从总体上对旅游目的地的环境、氛围、产品、形象等做出的评价。

4.1.3 游客感知价值的概念

结合文献综述了解到，尽管国内外学者对顾客价值的内涵没有达成统一意见，但学界一致认为，顾客感知是顾客价值的本质，即顾客在与企业交

[①] 汪纯孝，岑成德，王卫东，等.顾客满意程度模型研究[J].中山大学学报（社会科学版），1999，39（5）：92-98.

往的过程中，逐渐形成的主观感知，这实际上就是顾客对比利得与利失的结果①。在对顾客价值进行研究时，服务营销与旅游两大领域的认知具有较强的相似性，本研究先是对顾客价值这一概念及内涵进行分析，把"游客感知价值"确定为变量，即来到旅游目的地之后游客对利益与成本产生了客观感知，并对两者进行对比，从总体上对旅游目的地给出的综合评价。

4.1.4 游客满意度的概念

关于顾客满意度的定义，学者们采取的理论基础有所不同，某些研究者将"顾客需求满足程度模型"作为理论支撑，从而为顾客满意度的概念提供了界定。Oliver（1997）认为，顾客满意度是指消费者在购买和使用产品或服务后，对其需求得到满足的感受或心理上的回应。Westbrook 和 Reilly（1983）认为，顾客满意度反映的是消费者基于对产品、服务或消费体验的主观感受，与个人期望值相对比后所形成的内心情感体验。Baker 等（2000）根据对以往研究内容的总结分析，认为旅游满意度体现了游客对于旅游目的地在景观、环境、设施建设、接待质量以及娱乐项目等方面的综合满意度，这是基于其对旅游需求得到满足程度的整体评估。Herzberg 等（1959）基于赫茨伯格的双因素理论对"满意度"进行解析，可以明确看到其是一个由"满意"和"不满意"组成的双维度概念。其中，"满意"并非直接与"不满意"形成对立，而是与"不满足"相对；同样，"不满意"也不是与"满意"直接对立，而是与"完全不满意"形成对比。基于这一研究视角，结合本研究的宗旨，我们将"游客满意度"作为研究的主要变量，即指游客在游览旅游目的地后，对目的地提供的各项服务绩效是否满足其个人需求的总体评估，这一评估从"满意"和"不满意"两个维度进行考量。

---

① 白长虹，武永红. 基于顾客关系的价值创新途径研究 [J]. 科学学与科学技术管理，2002（12）：86-90.

4.1.5 游客行为意向的概念

结合既往学者撰写的文献资料，尽管顾客行为意向是众多学者的研究重点，但对其进行概念界定的学者数量并不多。学者们对 Harrison（2000）的"行为意向"定义予以推崇，即行为意向就是在进行某种行为过程中自发制定计划的强度。当前多数文献资料都是围绕 Zeithaml 等（1996）给出的定义进行的。因此，本研究结合上述两个定义，将"游客行为意向"进一步细分为 4 个维度，见表 4.2。

表 4.2 游客行为意向各维度的含义

维度	含义
推荐意向	主动向他人推荐该旅游目的地，传播有关该旅游目的地的积极事项，鼓励亲戚朋友到该旅游目的地旅游
价格容忍	即使该旅游目的地整体价格有所上升或有价格更低的同类型旅游目的地出现，仍会选择来该旅游目的地旅游；为从该旅游目的地获得与其他旅游目的地同等服务，愿意支付更高的价格
重构意向	在需要出游时，会把该旅游目的地作为首选，并且在未来的几年中，如果可能，会重游该旅游目的地
抱怨意向	当该旅游目的地出现服务问题时，会向其他游客、消费者协会、亲戚朋友、服务人员或者旅游局抱怨

资料来源：本研究整理。

4.2 "基于需要的游客感知质量"量表的编制

在本研究构建的概念化模型中，核心变量即"基于需要的游客感知质量"。在研究进程中，最先进行的是定性研究，根据深度访谈得出的结果，在游客满意度理论的指导下，根据民族型旅游目的地的发展情况及展现出的特征，编制了"基于需要的游客感知质量"量表，确定了具体的题目内容。为了让量表有更加完善的结构，实施了探索性因子分析，并以验证性因子分析的方式对其结构效度进行检验。考虑到这一变量的基本特征,在定性分析环节运用的是深度访谈法。

4.2.1 深度访谈

深度访谈是定性研究法中运用率较高的一种,一般以无结构访问为主,研究人员在准确把握课题研究内容与方向的基础上设定合理的提纲,通常没有对访问的程序做出明确规定,也不会提供问卷,围绕提纲中的内容轻松而自由地与受访者交流。在这一过程中,研究者一定要留意受访者的情绪变化,用心倾听其想法,适时进行追问,从更深层次分析受访者的行为动机,了解其立场与感受[1]。在分析复杂抽象的问题时,这种方法具备优势,能了解受访者的真实态度,其优缺点见表4.3。

表4.3 深度访谈方法的优缺点归纳表

优点	缺点
可获取较为全面的一手资料,有时还可以激发出解决问题的新思路	对访问者的专业素质和沟通技巧要求较高
可从受访者的表情、行为及语调上,判别其所提供信息的可信度	访问成本较高,因而访问的数量比较有限
可对敏感性话题进行讨论,避免出现尴尬的状况	难以确定受访者是否具有代表性
访问者与受访者可自由地交换信息,确保双方清楚、明白、坦诚地进行交流	较难访问到高层次、权威性的受访者

资料来源:本研究整理。

1.确定访谈对象

深度访谈主要面向两类对象:一是知情者,对所要研究的问题有深刻的了解或掌握了翔实信息;二是代表样本,即从样本群体中抽取的一定数量的

---

[1] 巴比.社会研究方法[M].10版.邱泽奇,译.北京:华夏出版社,2005.

样本。受访者可以是上述两种对象中的任何一种。本研究在组织深度访谈时，确定的受访者数量为20人，他们都是旅游领域的从业人员与游客，包括旅游市场营销专家、服务营销专家、景区管理者、企业管理人员，也有在最近3年之内参加民族旅游达到两次以上的游客，分别为3人、2人、5人、5人、5人。受访者的基本情况见表4.4。

表4.4 受访者基本情况

编号	性别	受教育程度	职业	所属类别
1	男	研究生	旅游管理专业教授	知情者
2	女	研究生	旅游管理专业教授	知情者
3	女	研究生	旅游管理专业教授	知情者
4	男	研究生	旅游管理专业教授	知情者
5	男	研究生	服务管理专业副教授	知情者
6	男	研究生	旅游局副局长	知情者
7	男	大学本科	旅游局副局长	知情者
8	女	大学本科	旅游局处长	知情者
9	男	大学本科	旅游局处长	知情者
10	女	大学本科	旅游局副处长	知情者
11	女	研究生	饭店管理人员	知情者
12	男	大学本科	旅行社管理人员	知情者
13	女	大学本科	餐饮企业管理人员	知情者
14	女	研究生	旅游景区管理人员	知情者
15	男	大学本科	旅游纪念品商店管理人员	知情者
16	男	大学本科	公司管理人员	代表样本
17	男	大学本科	工程技术人员	代表样本
18	女	研究生	会计师	代表样本
19	女	中专	私营业主	代表样本
20	男	大学本科	中学教师	代表样本

资料来源：本研究整理。

2. 拟定访谈提纲

本次访谈的目的就是要弄清与"基于需要的游客感知质量"有关的问题。访谈活动的开展,就是要明确游客感知质量的构成维度,并确定每个维度涉及哪些内容,据此编制合适的问卷。在这一环节中运用的是半结构访谈法,在与相关人员进行交流之前设计访谈,以提问的方式了解受访者的真实感受与态度,并根据访谈中生成的新问题进行追问,也可以适时对问题进行调整。

3. 访谈的实施

本次访谈活动于 2021 年 9 月开始,历时一个月。在访谈之前,笔者就搜集并细致阅读与游客满意度有关的文献资料,确保能对既往学者在游客满意度方面提出的见解有较为客观的把握。笔者在旅游管理专业教学领域工作近 7 年,在旅游局工作时间也达到了 3 年,这些经历为自己能与受访者愉快地沟通做好了准备。笔者在交流过程中能引导受访者坦诚地介绍其对每个问题的了解,以掌握其真实态度。在与每位受访者进行交流时,时间控制在 40 分钟左右,在这一过程中不仅要用心倾听并记录谈话内容,也要留意其神态、表情、肢体动作等,做好相应的记录。为了增强访谈流畅性与有效性,也是为了更加细致地对相关内容进行记录,访谈过程中安排了两名旅游管理专业的研究生进行录音、笔录。

4. 整理资料

在与每位人员访谈之后,笔者与两名研究生及时进行资料整理,包括笔录与录音资料,汇总成完整的访谈文稿,而且为每位受访者的文稿进行编号,及时存档。访谈活动全部结束后,适时总结访谈记录,识别出现频次较高的内容,见表 4.5,共计 72 项。在访谈中向受访者提出"请您谈一谈对民族旅游目的地的需求"这个问题,从受访者的交流情况看,基本是从住、行、娱、购、游等几个方面进行交流的,也涉及旅游目的地的形象、服务、氛围、环境等,共包括 10 个方面。

表 4.5 关于"基于需要的游客感知质量"的深度访谈结果

编号	项目	出现频次
A1	城市休闲场所的舒适程度	8
A2	旅游秩序	12
A3	餐饮环境	14
A4	主题公园的特色	11
A5	城市绿色水平	12
A6	城市基础设施的完善程度	12
A7	娱乐活动的特色	13
A8	导游业务能力	14
A9	城市内交通的便利性	15
A10	客房的舒适度	16
A11	当地居民的好客程度	15
A12	娱乐活动价格的合理程度	14
A13	景区门票价格的合理程度	15
A14	饮食卫生状况	12
A15	交通的安全性	10
A16	旅行社服务承诺履行程度	9
A17	旅游交易的规范程度	7
A18	城市街道的卫生状况	16
A19	获取城市交通信息的便利程度	6
A20	娱乐场所工作人员服务质量	11
A21	当地人行为举止的文明程度	9
A22	餐饮价格的合理程度	12
A23	导游服务态度	15
A24	饭店卫生状况	12
A25	饭店硬件设施的完善程度	11
A26	当地商品的质量	10

续表

编号	项目	出现频次
A27	公共厕所的卫生状况	13
A28	餐饮工作人员服务质量	11
A29	旅游纪念品的特色	12
A30	饭店工作人员服务质量	10
A31	户外运动项目的丰富程度	8
A32	就餐等候时间	5
A33	外地餐饮品种	3
A34	当地治安状况	12
A35	城市休闲场所的数量	3
A36	交通指示标识的明晰程度	7
A37	当地的文化氛围	4
A38	娱乐设施的完善程度	6
A39	获取本地旅游信息的便利程度	7
A40	城市空气质量	13
A41	大型购物中心的数量	3
A42	对外交通的便利性	9
A43	通信服务质量	7
A44	住宿价格的合理程度	13
A45	娱乐活动的丰富程度	10
A46	博物馆的特色	6
A47	节庆活动的特色	10
A48	城市视觉空间感受	7
A49	本地特色餐饮品种	11
A50	当地商品价格的合理程度	12
A51	景区的卫生状况	10
A52	银行服务质量	6

续表

编号	项目	出现频次
A53	邮政服务质量	6
A54	水上娱乐项目的特色	8
A55	饭店的安全性	7
A56	当地气候的舒适程度	13
A57	宗教景观的特色	4
A58	历史遗迹的价值	5
A59	旅游集散中心服务质量	6
A60	旅游指示标识的明晰程度	7
A61	时尚品牌的丰富程度	7
A62	购物的便利程度	8
A63	景观的丰富程度	6
A64	商业购物街区的特色	7
A65	景区建筑的特色	4
A66	旅游纪念品的种类	12
A67	城市旅游业形象	10
A68	景区容量的合理程度	11
A69	购物环境	13
A70	景区的安全程度	8
A71	景区整体服务水平	10
A72	出租车服务质量	7

4.2.2 "基于需要的游客感知质量"量表的探索性因子分析

结合深度访谈中了解到的情况，为弄清基于需要的游客感知质量，编制了合理的测量量表。

2021年11月在广西地方旅游管理部门工作人员的支持与帮助下，笔者与 4 名在读旅游管理专业的研究生一起组织现场调查活动。接受调查的人员来自全国范围内随机抽取的 10 个旅游团,其马上就要结束在该地的旅游,共计 210 人。问卷填写结束后,进行初步检查,将填写不规范和有悖常理的问卷排除,保留 196 份有效问卷,将有效问卷对应的这部分游客作为研究样本,将其填写的问卷数据录入 SPSS 25.0 中,实施探索性因子分析。

第一,对探索性因子分析进行判断,以 KMO 样本测量、Bartlett's 球体检验作为重要参照。Kaiser(1960)指出,当 KMO 值低于 0.5,不具备因子分析的条件,KMO 值越大,意味着变量之间存在着大量共同因子,符合因子分析的条件,见表 4.6。后一项统计值的显著性与显著性水平相比,如果相等或偏低,则具备因子分析的条件[1]。

表 4.6　KMO 判断标准[2]

KMO 值	0.9 以上	0.8~0.9	0.7~0.8	0.6~0.7	0.5~0.6	0.5 以下
适合程度	非常适合	很适合	适合	不太适合	很勉强符合	不符合

第二,运用主成分分析法对方差实施最大正交旋转,按照特征根大于 1 的规则,提取公因子。

第三,测量项目纯化处理,把信度较低的项目排除在外。在对项目进行纯化时,按如下标准进行。一是对测量项目进行纯化,需要对项目纠正设定总相关系数,即 CITC,严格执行标准[3]。在本研究中,为纯化测量项目设定的标准是 CITC 值要超过 0.3。二要实施 Cronbach'α 系数检验,目的就是要让问卷有良好的信度。在本研究中,把 Cronbach'α 系数临界值设定为 0.7,达到这一标准以上的信度是符合要求的。三要对各个项目的因子荷载进行测

---

[1] 艾尔. 社会研究方法基础 [M]. 8 版. 邱泽奇,译. 北京:华夏出版社,2002.

[2] 资料来源:Kaiser H F. The application of electronic computers to factor analysis[J]. Educational and Psychological Measurement, 1960(20):141-151.

[3] 白长虹,武永红. 基于顾客关系的价值创新途径研究 [J]. 科学学与科学技术管理,2002(12):86-90.

量，以此为纯化标准[①]，如果因子荷载达不到 0.5，要果断地将这一项目剔除。四是项目纯化之后再次实施验证性因子分析。

本研究对样本进行 KMO 样本测量和 Bartlett's 球体检验的结果，见表 4.7，全部样本的 KMO 测试系数为 0.927，Bartlett's 球体检验统计值的显著性概率小于 0.05，都符合因子分析的条件。

表 4.7　KMO 样本测量和 Bartlett's 球体检验结果

Kaiser-Meyer-Olkin Measure of Sampling Adequacy		0.927
Bartlett's Test of Sphericity	Approx. Chi-Square	16477.109
	df	3996
	sig.	0.000

依据对应因子特征值大于 1 的原则，提取 10 个公因子，累积方差贡献率为 67.857%，见表 4.8、表 4.9。

表 4.8　总变异解释量

成分	初始特征值			提取载荷平方和			旋转载荷平方和		
	总计	方差百分比	累积/%	总计	方差百分比	累积/%	总计	方差百分比	累积/%
1	34.867	38.149	38.149	34.867	38.149	38.149	17.563	19.946	17.946
2	4.963	5.782	43.931	4.963	5.782	43.931	9.218	11.837	29.783
3	3.781	3.912	47.843	3.781	3.912	47.843	8.462	8.819	38.602
4	3.516	3.797	51.64	3.516	3.797	51.64	5.121	5.583	44.185
5	2.877	3.289	54.929	2.877	3.289	54.929	4.327	4.858	49.043
6	1.945	2.375	57.304	1.945	2.375	57.304	3.619	4.125	53.168
7	1.728	1.899	59.203	1.728	1.899	59.203	3.597	3.996	57.164

---

① 杨静. 供应链内企业间信任的产生机制及其对合作的影响——基于制造业企业的研究 [D]. 杭州：浙江大学，2006.

续表

成分	初始特征值			提取载荷平方和			旋转载荷平方和		
	总计	方差百分比	累积/%	总计	方差百分比	累积/%	总计	方差百分比	累积/%
8	1.611	1.914	61.117	1.611	1.914	61.117	3.452	3.781	60.945
9	1.325	1.583	62.7	1.343	1.611	62.728	3.227	3.593	64.538
10	1.085	1.465	64.165	1.125	1.486	64.214	3.142	3.319	67.857

表4.9 旋转后的因子负荷表

因子	编号	项目	因子负荷
F1	A47	节庆活动的特色	0.743
	A4	主题公园的特色	0.687
	A13	景区门票价格的合理程度	0.681
	A51	景区的卫生状况	0.679
	A68	景区容量的合理程度	0.658
	A70	景区的安全程度	0.652
	A31	户外运动项目的丰富程度	0.639
	A46	博物馆的特色	0.626
	A54	水上娱乐项目的特色	0.564
	A58	历史遗迹的价值	0.551
	A57	宗教景观的特色	0.547
	A63	景观的丰富程度	0.512
	A60	旅游指示标识的明晰程度	0.486
	A65	景区建筑的特色	0.452
F2	A56	当地气候的舒适程度	0.691
	A5	城市绿色水平	0.602
	A40	城市空气质量	0.596

续表

因子	编号	项目	因子负荷
F2	A18	城市街道的卫生状况	0.592
	A27	公共厕所的卫生状况	0.574
	A6	城市基础设施的完善程度	0.569
	A48	城市视觉空间感受	0.547
	A1	城市休闲场所的舒适程度	0.521
	A35	城市休闲场所的数量	0.481
F3	A16	旅行社服务承诺履行程度	0.742
	A23	导游服务态度	0.645
	A8	导游业务能力	0.568
	A43	通信服务质量	0.539
	A52	银行服务质量	0.524
	A39	获取本地旅游信息的便利程度	0.507
	A59	旅游集散中心服务质量	0.473
	A53	邮政服务质量	0.453
F4	A29	旅游纪念品的特色	0.703
	A50	当地商品价格的合理程度	0.624
	A26	当地商品的质量	0.573
	A61	时尚品牌的丰富程度	0.549
	A64	商业购物街区的特色	0.531
	A62	购物的便利程度	0.522
	A66	旅游纪念品的种类	0.512
	A69	购物环境	0.491
	A41	大型购物中心的数量	0.486

续表

因子	编号	项目	因子负荷
F5	A49	本地特色餐饮品种	0.638
	A14	饮食卫生状况	0.572
	A22	餐饮价格的合理程度	0.557
	A3	餐饮环境	0.549
	A32	就餐等候时间	0.537
	A28	餐饮工作人员服务质量	0.526
	A33	外地餐饮品种	0.451
F6	A45	娱乐活动的丰富程度	0.625
	A7	娱乐活动的特色	0.546
	A12	娱乐活动价格的合理程度	0.519
	A20	娱乐场所工作人员服务质量	0.504
	A38	娱乐设施的完善程度	0.481
F7	A11	当地居民的好客程度	0.698
	A34	当地治安状况	0.674
	A21	当地人行为举止的文明程度	0.618
	A17	旅游交易的规范程度	0.572
	A2	旅游秩序	0.548
	A37	当地的文化氛围	0.523
F8	A9	城市内交通的便利性	0.563
	A42	对外交通的便利性	0.548
	A72	出租车服务质量	0.526
	A15	交通的安全性	0.514
	A36	交通指示标识的明晰程度	0.509
	A19	获取城市交通信息的便利程度	0.472

续表

因子	编号	项目	因子负荷
F9	A10	客房的舒适度	0.625
	A30	饭店工作人员服务质量	0.584
	A44	住宿价格的合理程度	0.573
	A24	饭店卫生状况	0.541
	A25	饭店硬件设施的完善程度	0.527
	A55	饭店的安全性	0.518
F10	A67	城市旅游业形象	0.685
	A71	景区整体服务水平	0.563

依据旋转后的因子载荷矩阵，能够看出"基于需要的游客感知质量"涵盖10个一阶因子，结合前文访谈信息和项目的实际情况，对10个一阶因子分别命名为：游览因子（因子1），包括14个项目；环境因子（因子2），包括9个项目；旅游相关服务因子（因子3），包括8个项目；购物因子（因子4），包括9个因子；餐饮因子（因子5），包括7个项目；娱乐因子（因子6），包括5个项目；氛围因子（因子7），包括6个项目；交通因子（因子8），包括6个项目；住宿因子（因子9），包括6个项目；旅游目的地整体形象因子（因子10），包括2个项目。之后，利用前述纯化标准对这10个一阶因子的测量项目展开纯化分析，见表4.10~表4.19。

结合表4.9和表4.10中的数据能够看出，表4.9中游览因子所对应的14个维度中，有12个维度的因子负荷值高于0.5的基本要求；从表4.10的结果来看，此12个维度所对应的CITC值都高于0.3的基本要求，其整体α系数为0.845，高于0.7的基本要求。由此可见，这12个维度符合因子分析的各项前提条件，应该保留。但A65、A60两个维度没有同时满足因子分析方法的各项基本前提条件，为了保证游览量表的科学性和合理性，予以剔除。

表 4.10　游览量表的 CITC 和内部一致性信度分析

测量问项	CITC	删除该项后 α 系数	整体 α 系数
A47	0.817	0.771	
A4	0.798	0.728	
A13	0.767	0.751	
A51	0.753	0.724	
A68	0.719	0.758	
A70	0.712	0.791	
A31	0.693	0.734	0.845
A46	0.649	0.723	
A54	0.626	0.718	
A58	0.617	0.722	
A57	0.543	0.712	
A63	0.376	0.706	
A60	0.258	0.727	
A65	0.237	0.715	

结合表 4.9 和表 4.11 中的数据能够看出，表 4.9 中环境因子所对应的 9 个维度中，有 8 个维度的因子负荷值高于 0.5 的基本要求；从表 4.11 的结果来看，此 8 个维度所对应的 CITC 值都高于 0.3 的基本要求，其整体 α 系数为 0.831，高于 0.7 的基本要求。由此可见，这 8 个维度符合因子分析的各项前提条件，应该保留。但 A35 这个维度没有同时满足因子分析方法的各项基本前提条件，为了保证环境量表的科学性和合理性，予以剔除。

表 4.11　环境量表的 CITC 和内部一致性信度分析

测量问项	CITC	删除该项后 α 系数	整体 α 系数
A56	0.825	0.762	
A5	0.811	0.721	0.831
A40	0.786	0.738	
A18	0.792	0.752	

续表

测量问项	CITC	删除该项后 α 系数	整体 α 系数
A27	0.767	0.749	0.831
A6	0.753	0.765	
A48	0.709	0.714	
A1	0.648	0.727	
A35	0.293	0.739	

结合表 4.9 和表 4.12 中的数据能够看出，表 4.9 中服务因子所对应的 8 个维度中，有 6 个维度的因子负荷值高于 0.5 的基本要求；从表 4.12 的结果来看，此 6 个维度所对应的 CITC 值都高于 0.3 的基本要求，其整体 α 系数为 0.859，高于 0.7 的基本要求。由此可见，这 6 个维度符合因子分析的各项前提条件，应该保留。但 A53、A59 两个维度没有同时满足因子分析方法的各项基本前提条件，为了保证旅游相关服务量表的科学性和合理性，予以剔除。

表 4.12 旅游相关服务量表的 CITC 和内部一致性信度分析

测量问项	CITC	删除该项后 α 系数	整体 α 系数
A16	0.737	0.742	0.859
A23	0.721	0.728	
A8	0.75	0.713	
A43	0.641	0.787	
A52	0.616	0.769	
A39	0.611	0.758	
A59	0.293	0.736	
A53	0.259	0.749	

结合表 4.9 和表 4.13 中的数据能够看出，表 4.9 中购物因子所对应的 9 个维度中，有 7 个维度的因子负荷值高于 0.5 的基本要求；从表 4.13 的结果来看，此 7 个维度所对应的 CITC 值都高于 0.3 的基本要求，其整体 α 系数为 0.839，高于 0.7 的基本要求。由此可见，这 7 个维度符合因子分析的各项前提条件，应该保留。但 A69、A41 两个维度没有同时满足因子分析方法的各

项基本前提条件，为了保证购物量表的科学性和合理性，予以剔除。

表 4.13　购物量表的 CITC 和内部一致性信度分析

测量问项	CITC	删除该项后 α 系数	整体 α 系数
A29	0.761	0.722	
A50	0.723	0.779	
A26	0.679	0.718	
A61	0.648	0.793	
A64	0.629	0.747	0.839
A62	0.617	0.769	
A66	0.586	0.703	
A69	0.273	0.739	
A41	0.229	0.702	

结合表 4.9 和表 4.14 中的数据能够看出，表 4.9 中餐饮因子所对应的 7 个维度中，有 6 个维度的因子负荷值高于 0.5 的基本要求；从表 4.14 的结果来看，此 6 个维度所对应的 CITC 值都高于 0.3 的基本要求，其整体 α 系数为 0.873，高于 0.7 的基本要求。由此可见，这 6 个维度符合因子分析的各项前提条件，应该保留。但 A33 这个维度没有同时满足因子分析方法的各项基本前提条件，为了保证餐饮量表的科学性和合理性，予以剔除。

表 4.14　餐饮量表的 CITC 和内部一致性信度分析

测量问项	CITC	删除该项后 α 系数	整体 α 系数
A49	0.785	0.768	
A14	0.751	0.715	
A22	0.718	0.737	
A3	0.679	0.756	0.873
A32	0.628	0.706	
A28	0.587	0.728	
A33	0.256	0.721	

结合表 4.9 和表 4.15 中的数据能够看出，表 4.9 中娱乐因子所对应的 5 个维度中，有 4 个维度的因子负荷值高于 0.5 的基本要求；从表 4.15 的结果来看，此 4 个维度所对应的 CITC 值都高于 0.3 的基本要求，其整体 α 系数为 0.821，高于 0.7 的基本要求。由此可见，这 4 个维度符合因子分析的各项前提条件，应该保留。但 A38 这个维度没有同时满足因子分析方法的各项基本前提条件，为了保证娱乐量表的科学性和合理性，予以剔除。

表 4.15 娱乐量表的 CITC 和内部一致性信度分析

测量问项	CITC	删除该项后 α 系数	整体 α 系数
A45	0.703	0.775	0.821
A7	0.679	0.716	
A12	0.651	0.752	
A20	0.609	0.759	
A38	0.268	0.758	

结合表 4.9 和表 4.16 中的数据能够看出，表 4.9 中氛围因子所对应的 6 个维度中，有 6 个维度的因子负荷值高于 0.5 的基本要求；从表 4.16 的结果来看，此 6 个维度所对应的 CITC 值都高于 0.3 的基本要求，其整体 α 系数为 0.879，高于 0.7 的基本要求。由此可见，这 6 个维度符合因子分析的各项前提条件，都应该保留。

表 4.16 氛围量表的 CITC 和内部一致性信度分析

测量问项	CITC	删除该项后 α 系数	整体 α 系数
A11	0.759	0.731	0.879
A34	0.728	0.722	
A21	0.688	0.728	
A17	0.658	0.785	
A2	0.608	0.749	
A37	0.527	0.728	

结合表 4.9 和表 4.17 中的数据能够看出,表 4.9 中交通因子所对应的 6 个维度中,有 5 个维度的因子负荷值高于 0.5 的基本要求;从表 4.17 的结果来看,此 5 个维度所对应的 CITC 值都高于 0.3 的基本要求,其整体 α 系数为 0.864,高于 0.7 的基本要求。由此可见,这 5 个维度符合因子分析的各项前提条件,应该保留。但 A19 这个维度没有同时满足因子分析方法的各项基本前提条件,为了保证交通量表的科学性和合理性,予以剔除。

表 4.17　交通量表的 CITC 和内部一致性信度分析

测量问项	CITC	删除该项后 α 系数	整体 α 系数
A9	0.769	0.719	
A42	0.737	0.789	
A72	0.721	0.712	0.864
A15	0.669	0.748	
A36	0.641	0.761	
A19	0.271	0.729	

结合表 4.9 和表 4.18 中的数据能够看出,表 4.9 中住宿因子所对应的 6 个维度中,有 6 个维度的因子负荷值高于 0.5 的基本要求;从表 4.18 的结果来看,此 6 个维度所对应的 CITC 值都高于 0.3 的基本要求,其整体 α 系数为 0.858,高于 0.7 的基本要求。由此可见,这 6 个维度符合因子分析的各项前提条件,都应该保留。

表 4.18　住宿量表的 CITC 和内部一致性信度分析

测量问项	CITC	删除该项后 α 系数	整体 α 系数
A10	0.759	0.769	
A30	0.708	0.718	
A44	0.669	0.752	0.858
A24	0.629	0.761	
A25	0.607	0.722	
A55	0.571	0.779	

结合表 4.9 和表 4.19 中的数据能够看出，表 4.9 中整体形象因子所对应的 2 个维度中，有 2 个维度的因子负荷值高于 0.5 的基本要求；从表 4.19 的结果来看，此 2 个维度所对应的 CITC 值都高于 0.3 的基本要求，其整体 α 系数为 0.815，高于 0.7 的基本要求。由此可见，这 2 个维度符合因子分析的各项前提条件，都应该保留。

表 4.19　旅游目的地整体形象量表的 CITC 和内部一致性信度分析

测量问项	CITC	删除该项后 α 系数	整体 α 系数
A67	0.672	0.732	0.815
A71	0.615	0.778	

为了保证本研究提出的"基于需要的游客感知质量"量表的科学性和适用性，对上文调整后的量表开展验证性因子分析，以检验量表的十因子结构。2021 年 12 月，从在广西旅游的所有国内旅行团中随机选取 8 个作为研究样本。然后在广西地方旅游管理部门的沟通和协助下，笔者和 4 名旅游管理专业的研究生从 8 个旅行团中随机选取 200 名游客，展开现场访问。由于 12 名游客填写不规范，无法准确反映实际情况，将其剔除掉。188 份有效问卷的验证性因子分析结果见表 4.20。

表 4.20　十因子结构的拟合指标

模型	X^2/df	NFI	CFI	NNFI	SRMR	RMSEA	RMSEA90% 置信区间 上限	下限
指标	3.03	0.95	0.97	0.92	0.073	0.064	0.062	0.068

基于 Browne 和 Cudeck（1993）所提出的标准，如果 RMSEA 值小于或等于 0.05 则表示模型拟合很好，如果 RMSEA 值介于 0.05 和 0.08 区间则表示拟合可接受，如果 RMSEA 值介于 0.08 和 0.10 区间则表示拟合处于边缘状态，如果 RMSEA 值大于 0.10 则表示拟合极差。CFI 和 NNFI 大于 0.90 则表示拟合可接受。NFI 值如果高于 0.90，通常被认为可接受。基于 Hu 和 Bentler（1998）所提出的标准，SRMR 值越小，则表示拟合越好，通常情况下，小于

0.08 表示可接受。从表 4.20 指标实际值来看，结合各项指标参考标准，"基于需要的游客感知质量"量表的十因子结构对数据的拟合效果较好。

4.2.3 测量量表的编制

本研究需要分析的变量不仅有"基于需要的游客感知质量"，还有其他 3 个重要变量：游客感知价值、游客满意度和游客行为意向。这里继续参照既往参考文献的量表研究结论，遵循本研究的主要研究目标，提出针对游客感知价值、游客满意度和游客行为意向的测量量表。

1. 游客感知价值的测量量表

21 世纪，顾客感知价值引起了国内外学者的重视，国内外学者在这方面展开了定量分析与探究。Cronin 等（2000）、Sweeney 等（2001）、陆娟等（2006）学者在对顾客感知价值进行分析时都编制了量表并展开了实证分析。在本研究中，将"游客感知价值"确定为变量并定义为游客来到旅游目的地之后，对感知利益与投入的成本进行对比，从总体上对旅游目的地的绩效给出综合评价，没有细致地进行维度划分。本研究在对游客感知价值进行测量时，以克罗宁和陆娟所使用的量表为基础，结合本研究的目的，对其测量项目进行了适当的修改。

本研究游客感知价值的测量量表，见表 4.21。

表 4.21 本研究游客感知价值的测量量表

维度	测量项目	评价满意度（由低到高）
游客感知价值	我认为该旅游目的地所提供产品与服务的总体价值高	1 2 3 4 5 6 7
	我认为在该旅游目的地的旅游活动物有所值	1 2 3 4 5 6 7

2. 游客满意度的测量量表

本研究将"游客满意度"的概念确认为：游客对其在旅游目的地的整体感知绩效满足自身需要程度的综合评价。这个变量涵盖"满意"及"不满意"两个维度。涉及"满意"程度的衡量,参考汪侠等(2006)和何琼峰(2011)研究中采用的量表,同时考虑到本研究的分析目标,对基础量表进一步优化。涉及"不满意"程度的衡量,参照 Zeelenberg 和 Pieters(2004)以及 Babin 和 Griffin(1998)研究中采用的量表,同时考虑本研究对象的特点和实际情况,进一步对基础量表进行调整。本研究提出的游客满意度测量量表,见表4.22。

表4.22　本研究游客满意度的测量量表

维度	测量项目	评价
满意	总体满意程度	1.非常不满意 2.不满意 3.比较不满意 4.一般 5.比较满意 6.满意 7.非常满意
	与需要相比的满意程度	1.非常不满意 2.不满意 3.比较不满意 4.一般 5.比较满意 6.满意 7.非常满意
	与理想中民族旅游目的地相比的满意程度	1.非常不满意 2.不满意 3.比较不满意 4.一般 5.比较满意 6.满意 7.非常满意
不满意	总体上,您是否对该旅游目的地所提供的产品与服务感到不满意?	1.根本没有不满意 2.没有不满意 3.基本没有不满意 4.一般 5.比较不满意 6.不满意 7.非常不满意
	总体上,您对此次旅游经历评价如何?	1.非常好 2.好 3.较好 4.一般 5.较差 6.差 7.非常差
	请根据您的旅游体验对自己的不满意感觉做出判断	1.非常没有感觉 2.没有感觉 3.比较没有感觉 4.一般 5.比较有感觉 6.有感觉 7.非常有感觉

3.游客行为意向的测量量表

结合既往文献资料,学者们在研究中把"顾客满意度"设定为结果变量,在这方面的研究中基本以"顾客行为意向"为主。细致分析,学者们在进行研究时重点关注了顾客态度与行为这两个层面。McDougall 和 Levesque(2000)、Yoon 和 Kim(2000)、Yuksel 等(2009)等在对顾客行为意向进行分析时,都是从这两个层面入手进行分析。具体而言,顾客态度层面主要涉及推荐意向、口碑、价格接受度这几个方面，在分析顾客行为时重点关注了抱怨、重购、转移3种意向。

在对顾客态度进行分析时，国内外学者一致认为最重要的结果变量就是推荐意向。McDougall 和 Levesque（2000）、Homburg 和 Giering（2001）、Bendall-Lyon 和 Powers（2004）等都通过各自的研究证实，顾客满意对顾客推荐意向具有影响作用。而 Westbrook（1987）、Babin 等（2005）以及 East 等（2005）等学者都将积极的正面口碑视为与推荐相同的概念。Chiou 等（2002）、Carpenter 和 Fairhurst（2005）以及 White 和 Yu（2005）等学者也通过各自的研究证实，顾客满意对正面口碑具有影响作用。另外，Delgado-Ballester 和 Munuera-Aleman（2000）、White 和 Yu（2005）以及 Pont 和 McQuilken（2005）等学者针对价格容忍进行了研究，结果表明多数感到满意的顾客愿意接受更高的产品或服务价格。

在对顾客行为进行分析时，学界与实务界都对重购意向表示重视。Dick 和 Basu（1994）以及 Homburg 和 Giering（2001）等少数学者甚至将"行为意向"就界定为"对产品或服务的重购意向"。但是，Anderson 和 Sullivan（1993）、Taylor 和 Baker（1994）、施普伦（1995）、莫拉迪安和奥尔弗（1997）、琼斯和徐（2000）、奥尔森（2002）、Terblanche 等（2006）大多数学者都是将重购意向作为顾客行为意向的一个维度来进行研究的，其研究结果证实顾客满意对重购意向具有正向影响作用。另外，White 和 Yu（2005）等表示，顾客抱怨就是因为顾客对自己接受的产品与服务表示不满，现有的研究结果表明，顾客满意与抱怨存在着负向关系。

结合上述分析，本研究认为游客行为意向包含4个维度，包括产生的推荐、抱怨、重购意向，也包括价格容忍情况。既往学者在对顾客行为意向进行研究时，编制了众多的测量量表，这些量表的测量项目大致相同，将1996年 Zeithaml 等（1996）编制的量表作为重要参考。因此，笔者也将这份问卷当成重要依据，结合对民族旅游目的地游客的了解，适当修改了量表部分题目，见表4.23。

表 4.23　本研究游客行为意向的测量量表

维度	测量项目	评价
推荐意向	我乐意主动向他人传播有关该旅游目的地的积极事项	1 2 3 4 5 6 7
	我愿意向找我寻求建议的人推荐该旅游目的地	1 2 3 4 5 6 7
	我会鼓励亲戚朋友到该旅游目的地旅游	1 2 3 4 5 6 7
价格容忍	即使该旅游目的地整体价格有所上升，我仍会选择来该旅游目的地旅游	1 2 3 4 5 6 7
	为从该旅游目的地获得与其他民族旅游目的地同等服务，我愿意支付更高的价格	1 2 3 4 5 6 7
	相对价格更低的民族旅游目的地，我仍会选择来该旅游目的地旅游	1 2 3 4 5 6 7
重购意向	在需要进行民族旅游时，我会把该旅游目的地作为首选	1 2 3 4 5 6 7
	在未来的几年中，如果可能，我会重游该旅游目的地	1 2 3 4 5 6 7
	我会转而选择价格优惠的其他民族旅游目的地	1 2 3 4 5 6 7
抱怨意向	当该旅游目的地出现服务问题时，我会向其他游客抱怨	1 2 3 4 5 6 7
	当该旅游目的地出现服务问题时，我会向消费者协会抱怨	1 2 3 4 5 6 7
	当该旅游目的地出现服务问题时，我会向亲戚朋友抱怨	1 2 3 4 5 6 7
	当该旅游目的地出现服务问题时，我会向服务人员抱怨	1 2 3 4 5 6 7
	当该旅游目的地出现服务问题时，我会向旅游局抱怨	1 2 3 4 5 6 7

本章针对游客感知质量、游客感知价值、游客满意度和游客行为意向等概念，在变量层面以及各变量的维度层面提出本研究的理论假设，在对各变量之间的关系进行分析的基础上，可以进一步提出本研究的概念化模型。

第 5 章 概念模型与研究假设

5.1 游客体验真实性对满意度的概念模型

前文已经进行了文献综述，也对研究中运用的理论进行了介绍，从理论层面入手对本研究中构建的模型展开了充分论述。在上述理论的支撑下，能发现游客满意度与感知价值都会受到游客体验真实性的影响。结合既往文献资料，本研究在对游客满意度与感知价值进行分析时，将游客体验真实性作为前因变量。以交易成本理论为依据，在分析体验真实性对满意度造成的影响时，将感知价值设定为中介变量，深入分析几个变量之间存在的联系。既往学者在对真实性进行分析时，将其划分为多个维度，包括存在真实性、建构真实性等，编制了量表也进行了实证分析。

在本研究中，在对广西旅游游客真实性进行研究时，也采用这样的方式进行维度划分，基于情境编制合理的游客体验真实性量表。在对真实性进行分类时，客观真实性就是游客对整个目的地的商品化情况、当地人在生活中体现出的"地道程度"给出的评价，这样的解释与McIntosh等（2004）的观点保持一致，即真实性就是能涉入体验之中，除了能对自然环境产生真实感受以外，还要体验真实的生活、艺术、事实。建构真实性是指游客来到旅游目的地之后，在体验过程中产生的特殊情感与看法，凸显了联想性的重要性。Wang（1999）表示，真实性不是针对某一对象，而是针对具体的活动，应该从个人与人际两个层面入手进行分析：个人层面是指个人的情感体验，就是"真实自我"是否实现；人际层面则是指游客由于社会阶层的不真实性，以及在地位上存在的压力，感觉到人与人之间形成了融洽、轻松、真实的关系。广西旅游在发展中，最重要的并非游客是否感受到真实性，而是游客以怎样的方式面对真实性。旅游目的地居民想走出困境，期待美好幸福的生活，不希望继续饱受贫困的折磨，出于增加旅游收入的目的，会极力满足游客的"真实性"需求。因此，在参与旅游业的过程中，当地居民在为游客表演节目时，要展现传统民俗文化的内涵，以这种方式寻求发展。对于来自大都市的游客而言，他们每天穿梭于钢筋水泥的高楼大厦之中，厌倦了快节奏的生活，希望能以一种新的方式生活，积极参与到旅游之中，选择了广西旅游产品。在社会发展过程中，人们的生活习俗逐渐发生了改变，这种改变具有动态化的特征，这意味着生活习俗没有绝对的真实性，只是相对真实。

少数民族的传统文化是我国文化宝库中的明珠，是宝贵的文化遗产。少数民族同胞生活的民族村里，有着丰富的物质与精神文化资源。为了让来自五湖四海的游客能在民族村得到多方面的收获，使其在有限的时间与空间之中对广西旅游真实性产生良好体验，少数民族同胞把特色化的民族文化整合到一起，以节目的形式表演给游客看。所以，旅游中出现了大量"旅游场景真实"的感受，这与目的地"本体真实"并不相符，在本体真实之中，旅游场景真实是一种重要的表现形式，旅游的发展必定会影响当地的各个方面，外来游客的大量涌入，除了能增加当地收入以外，也在无形之中削弱了民族文化的真实性。为了获得更多的经济利益，旅游经营者逐渐对民族文化进行调整。

人们到外地旅游的目的就是要了解多样化的民俗风情、生活方式等，而旅游文化的真实性受到了旅游活动的干扰。旅游经营者为了满足游客的这种需求，推出了大量原生态产品，真实性问题由此变得更为突出。Mac Cannell（1976）在对广西旅游的发展现状进行分析时，引入了"舞台真实性"这一理论，认为游客对所谓的真实性苦苦追求，就是要在生活中产生独特的感受，追求特色文化，来到旅游目的地之后，其对真实性的了解基本是通过舞台化的方式实现的。Cohen（1979）对舞台化理论进行深入分析与探究，提出了"空间与舞台猜疑"理论。

以理论分析为据，本研究对游客体验真实性、感知价值、满意度产生了较为全面的了解，构建了概念模型。在这一模型中，涉及的内容比较多，包括不同维度的真实性，也包括功能、社会、情感的价值，还有游客涉入度、满意度，由此形成了如下研究关系：游客感知价值中的每一个维度都会受到体验真实性3个维度的影响，满意度会受到体验真实性和感知价值每个维度的影响，在感知价值影响满意度的过程中，涉入度能发挥调节作用。

5.2　各变量之间的关系及相关假设提出

5.2.1　游客体验真实性与游客感知价值关联假设

部分学者在研究中指出，如果能把"想象"与"真实"整合到一起，旅游目的地就能获得成功（Till，2003）。游客在选择或是建构旅游目的地的符号时，文化发生了变迁，也进行了重构，但正是因为文化发展具有动态化的特征，才吸引了大量游客。Babin和Harris（2015）认为，如果产品有较高的真实性，就能创造较高的价值。尤其是文化类与遗产类旅游，如果旅游目的地能保证真实性，就能创造更高的价值（Kolar et al.，2010）。消费者对营销产品价值的认知，是建立在产品真实性的基础之上（Grayson et al.，2002）。Lin等（2015）指出，游客在离开旅游目的地之前都会购买一定的纪念品，在这一过程中，其感知价值会受到真实性的显著影响。结合既往研究成果，真实性的概念通常有两种表现方式，一是产品的客观属性，二是顾客做出的主观判断。结合这两个方面，真实性可以被划分为不同的维度，包括存在、建构、客观真实性。感知价值也包含功能、社会、情感3个维度。对感知价值的情感维度进行分析，就是在接受产品与服务过程中形成的感觉或滋生的情绪，这已经得到了越来越多学者的认同，从情感与社会两个层面入手进行分析，前者就是个人感觉与内部情绪，后者是购买的社会影响。功能维度，则是个人理性地对经济进行估值，将产品与服务质量作为一项主要内容。可见，感知价值属于评估的一种方式，对比利益与付出，情绪会对其造成影响。为了对感知价值进行客观测量，在编制量表时要重点关注情感反应与成本。

1. 基于对象的真实性和感知价值

客观与建构两种真实性之间有相似之处，即存在着有形物体，旅游目的地的物理属性是真实性存在的重要支撑。不管这些属性能否体现出真实性，游客都要获得一定的线索，而且要把这当成判断依据。与此同时，大部分游客无法像专家一样掌握全面的专业知识，不能准确地鉴定客观与建构两种真实性，而只能根据自己获得的相关信息做出判断，有些情况下产生的似曾相识之感显得尤为重要。结合这一点，Kolar 等（2010）认为有一种真实性是建立在某种对象的基础之上并将客观与建构两种真实性囊括其中。对于遗产旅游地而言，建立在对象基础之上的真实性就是游客对目的地的建筑、活动等进行评估，继而对目的地价值观产生影响。Chhabra 等（2003）以美国的苏格兰植物园游客为研究对象，重点关注该景区游客对真实性的感知，发现如果在原始文化活动的发源地组织相关活动，真实性就比较强，所有游客都会对真实性产生不同的看法。Kolar 等（2010）以遗产旅游为研究对象，发现游客的价值观念会受到目的地组织的活动、建筑环境等的影响，足以体现出目的地真实性会对游客感知价值造成直接影响。徐伟等（2015）从北京、上海等一线城市中选择了四百余名消费者，把这部分消费者填写的问卷资料进行汇总，发现消费者的感知价值会受到老字号真实性的影响，而且在代际上，原真实性与建构真实性有明显区别。Apostolakis（2003）认为，游客价值的提升，是建立在真实性的基础上，当代旅游企业在营销时应该把真实性当成一种有效工具。为此，本研究提出下列假设。

假设 H1：客观真实性对感知价值有显著的正向影响。

假设 H1a：客观真实性对情感价值有着显著的正向影响，即客观真实性越高，游客情感价值越高。

假设 H1b：客观真实性对社会价值有着显著的正向影响，即客观真实性越高，游客社会价值越高。

假设 H1c：客观真实性对功能价值有着显著的正向影响，即客观真实性越高，游客功能价值越高。

假设 H2：建构真实性对感知价值有显著的正向影响。

假设 H2a：建构真实性对情感价值有着显著的正向影响，即建构真实性越高，游客情感价值越高。

假设 H2b：建构真实性对社会价值有着显著的正向影响，即建构真实性越高，游客社会价值越高。

假设 H2c：建构真实性对功能价值有着显著的正向影响，即建构真实性越高，游客功能价值越高。

2. 存在真实性和感知价值

真实性这一概念在长期发展过程中，对象真实性逐渐调整为存在真实性，突显了人类属性的重要性，以实现人的真正自我为目的。实际上，建立在对象基础之上的真实性能与游客自身真实性形成互补，两者并不矛盾，只是从不同角度分析同一个问题。存在真实性是游客产生的情感、形成的感觉，包括与众不同的精神体验、对历史与文化产生的想法等（Chhabra et al., 2003）。Kim 等（2007）进行了一次为期两年的观察与访谈活动，重点关注游客在参与文艺复兴节过程中积累了怎样的经验，对于积极参与节日的旅游者来说，通过这样的旅游活动能增强游客自我感觉，使其逐渐向着理想化的方向发展，让主体间关系实现更好的发展，从中可以看出真实性是游客最为关注的。游客不仅要求自己的生活体现出真实性，而且也向社会提出了真实性的要求。在旅游过程中，游客不断探寻自我，要求旅游环境及所有构成要素都能体现出真实性，在对真实自我进行评估时，利用自身积累的经验，要求有真实的旅游环境，也要保证所有构成要素的真实性。

学者们在对真实性进行概念界定时，多数都是运用哲学方法（Wang, 1999）或基础理论（Kim et al., 2007）做出解释，很少有学者专门在广西旅游的背景下进行研究。现有研究观点并没有重点关注被观察对象的真实性，只是在特定的时间与地点分析旅游经验是否真实（Cohen, 1988）。在旅游过程中，游客们不再扮演原有的社会角色，也不会受到社会地位的影响，与家人、目的地居民及其他人交往。不管是周末短期旅行，还是长期旅行，游客都希望自己能卸下沉重的生活与工作压力，享受身心放松。李星（2009）指出，地方政府为能增加游客数量或获得更高的经济收入，把组织节庆活动当成一种重要手段，但此类活动往往不能满足游客需求，在研究中了解到，节庆活动的组织除了要符合举办者的原始出发点外，还要将其内化为游客感知。游客能否购买纪念品，这主要取决于其是否形成了体验真实性，这也会对感知价值产生直接影响。Lee 等（2015）基于新加坡唐人街遗产旅游，通过理论模型对感知价值进行分析，发现建立在存在真实性、对象真实性基础之上的感知价值能直接影响到游客满意度，两者保持正向关系。

基于以上分析，本研究提出如下假设。

假设 H3：存在真实性对感知价值有显著的正向影响。

假设 H3a：存在真实性对情感价值有显著的正向影响，即存在真实性越高，游客情感价值越高。

假设 H3b：存在真实性对社会价值有着显著的正向影响，即存在真实性越高，游客社会价值越高。

假设 H3c：存在真实性对功能价值有着显著的正向影响，即存在真实性越高，游客功能价值越高。

5.2.2 游客体验真实性与游客满意度关联假设

消费者满意度就是消费者从总体上对自己的消费体验进行评估。从认知层面看，消费者产生了怎样的期待与真实体验，这会对其是否满意于旅游经历造成直接影响。如果旅游中产生的感受超出预期，消费者就会对此感到满意，反之则不满意。在对游客重游意愿与口碑宣传进行预测时，满意度是一项重要依据。所以，在对旅游目的地的管理中，必须分析游客满意度。Novello 等（2014）把 2010 年圣诞节期间圣地亚哥德孔波斯特拉的旅游行业发展数据进行分析，请 400 名来自不同地区的游客填写问卷，并运用 SEM 模型进行分析，发现游客满意度会因为事件感知真实性的形成而提升。Chhabra 等（2003）指出，在衡量质量过程中，真实性能起到决定性影响。Rickly（2012）表示，是否具有真实性取决于旅游地点或物体的光环，游客如果有感知真实性体验，就会对旅游产品表示认同。作为存在真实性游客而言，如果能获得真实的感觉，就能使其感受到本次旅行的价值，获得心理满足。Moscardo 和 Philip（1986）以历史主题公园为例分析游客满意度是否会受到真实性的影响。Tu 和 Su（2014）在研究中发现，游客对目的地真实性产生的看法会对其是否满意于目的地产生直接影响，也能让未来意图发生改变。高燕等（2007）通过调查可知，到黑衣壮族聚居区旅游的游客，如果民族文化真实性感知较为强烈，满意度就比较高。Lu 等（2015）重点分析了广州荔湾历史文化街区的游客满意度，同时也关注了游客的参与度、体验真实性以及街区形象，发现如果目的地在管理中能充分利用地图，就能在游客满意度与体验真实性之间发挥中介作用，也验证了游客满意度与体验真实性的必然联系。Verma 等（2016）重点对文化遗产旅游项目的游客进行调查，发现其行为意图、满意度、感知价值都会受到真实性的影响。Dipietro 等（2017）对餐厅真实性进行测评，发现餐厅真实性与个人及餐厅属性有必然联系，顾客对餐厅的满意度与惠顾意图都取决于体验真实性。Nguyen 等（2016）将中国游客作为研究样本，发现其客观建设真实性与真实性看法保持紧密联系，其满意度与认知真实性之间有必然联系。冯淑华等（2007）将到婺源县的游客作为研究对象，构建了"真实感—满意度"模型，发现游客满意度、真实度、真实感保持着紧密联系。参照上述学者的意见，提出假设。

假设 H4：游客体验真实性对游客满意度有显著的正向影响。

假设 H4a：客观真实性对满意度有显著的正向影响，即客观真实性越高，游客越满意。

假设 H4b：建构真实性对满意度有显著的正向影响，即建构真实性越高，游客越满意。

假设 H4c：存在真实性对满意度有显著的正向影响，即存在真实性越高，游客越满意。

5.2.3 游客感知价值与游客满意度关联假设

感知价值包含两部分，一是顾客在关系、社会、经济方面获得的收益，二是顾客在风险、价格、精力、时间等方面的投入（Dodds et al.，1991）。消费者在评估产品净值过程中，感知价值能产生重要影响。感知价值取决于感知获得的收益与付出之间存在怎样的差异。与满意度不同，感知价值是购买行为发生之后对比"获得"与"给予"之间的差异，满意度则是对之前产生的期望与结果相对比。在整个购买过程中，感知价值同时出现在不同的时间节点，既有购买前（Woodruff，1997），又有多数学者认为的购买后、消费后（Hunt et al.，1983）。所以，在未购买或未曾使用产品时就能形成感知价值，满意度则必须发生在使用产品与服务的过程中或使用之后。

Brady 等（2001）将北美与拉丁美洲的 425 家快餐店作为研究样本，对这些快餐店与用户有关的数据进行对比分析，结合既往的文献资料，运用复合模型进行分析，发现北美消费者的行为意向会同时受到服务价值与满意度的影响，对两个地区快餐店顾客的情况进行对比，发现所有顾客在对餐厅服务进行评价时都更为关注满意度。Yoon 等（2010）对参加节日的旅游者进行调研，发现游客满意度、忠诚度都会受到节日价值的影响，这一发现能为了解节日旅游参加者的行为提供帮助。Grappi 等（2011）对到意大利参加节日旅游的 449 名游客进行现场调查，通过运用结构方程模型对数据进行分析，研究发现游客的满意度以及他们再次访问的意愿，主要受到游客感知价值的影响。在对顾客的购买意向进行预测时，感知价值是重要依据（Oh，2000），在旅行体验中，当游客感受到所得到的收益显著超过了他们所付出的代价，即感知价值较高时，他们往往会给出正面的评价，并且他们的整体满意度也会相应地得到提升（王斌，2011）。Gardiner 等（2013）经过实证研究发现，游客的消费行为及其相关活动在很大程度上受其感知价值所驱动，这种感知价值进而对游客的满意度产生影响，并且是决定游客是否愿意再次光顾的关键因素。Kim（2015）将由英国来到希腊克里特岛度假的游客作为研究样本，运用最小二乘法分析调查数据，发现游客满意度与感知价值保持正向关系。参照上述分析提出假设。

假设 H5：游客感知价值对游客满意度有显著的正向影响。

1. 情感价值与满意度

马凌等（2012）在参与西双版纳泼水节的游客群体中，随机选取了一部分样本，并通过实证研究的方法，探讨了游客满意度与感知价值各个维度之间的关系。研究结果表明，社会价值这一维度并不显著影响游客的满意度，而功能价值和情感价值则对满意度有显著影响，尽管这些因素对满意度的影响程度存在差异。窦璐（2016）在哈尔滨的太阳岛风景区，对部分游客进行了实地调研。旨在揭示游客感知价值是如何通过特定机制作用于环境责任行为的。为此，建立了相关模型。研究结果表明，游客的满意度在其中起到了一定的中介作用。Lee 等（2011）在调查中发现，参加节日活动的游客，其情感与功能两种价值会受到节目与设施的影响，情感价值还会受到自然环境的影响。在节目内容中，对观众情感层面的触动力度超过了其在功能上的作用，而与功能效用紧密相关的是便利性的设施提供，游客的满意度与行为意图都会受到情感价值的影响，当游客形成了较高的情感价值，就能在旅游过程中感受到更多的快乐，满意度较高。结合上述分析，提出假设。

假设 H5a：情感价值与满意度存在正相关，可同时提升或下降。

2. 社会价值与满意度

Sánchez 等（2006）指出，在购买的每一个时间节点中都存在感知价值，经测量研究可知，在社会价值比较高的前提下，满意度也相对偏高。邹波（2014）重点分析了 SNS 营销模式的游客满意度会受到哪些因素的影响，他构建模型并进行分析，发现游客的行为意图、满意度、感知价值是有紧密联系的，满意度会受到情感与社会两种价值的影响。Kim 和 Lee（2015）重点分析了生态旅游地在建设中本地村民的参与动机、满意度、价值之间的联系，发现在动机与满意度之间，能产生调节作用的是社会与情感两种价值。广西旅游产业与生态环境耦合协调关系，整体水平从极度失调提升至良好协调，其耦合协调关系直接影响广西地区旅游市场潜力和经济发展水平及政府治理能力，各层面交互作用后的影响力均强于单层面的影响力。王晓君

（2016）细致分析了亲子型游客的满意度与感知价值之间保持着怎样的联系，意识到满意度会受到情感与社会两种价值的影响。结合上述学者的观点提出假设。

假设 H5b：社会价值之间与满意度存在正相关，提升或下降同时发生。

3. 功能价值与满意度

Khan 等（2010）为了探明顾客满意度是否会受到功能价值的影响，请一定数量的游客填写调查问卷，且获得了 429 份有效问卷。Song 等（2015）将寺庙住宿游客作为研究样本，分析此类游客的满意度与自身的情感价值、教育经历、逃避意识等之间的关系，发现其满意度主要取决于情感与功能价值。李海英等（2011）将平台式网购顾客满意度作为研究对象，深入分析产品质量、购物价值对顾客满意度造成了怎样的影响，经实证分析发现，由于顾客积累了不同的交易经验，功能价值对满意度造成的影响是不同的。Jia 和 Yang（2012）把到农村地区远足的游客作为研究样本，发现这部分游客的忠诚度会受到三大价值的影响，在这一影响过程中，满意度能起到调节作用。Rigatti 等（2010）对到意大利参加葡萄酒旅游的游客进行调查，在请游客谈对目的地的看法时，发现游客满意度与行为意图均会受到货币与功能两种价值的影响。参照上述学者的观点提出如下假设。

假设 H5c：功能价值对满意度有显著正向影响，即功能价值越高，游客越满意。

5.2.4 游客感知价值中介作用分析

旅游业对国民经济的重要性是显而易见的，不管是表演的"前台"还是生活的"后台"，都在努力向着真实性的方向发展。真实性不仅是前因变量，也是一种重要的结果变量，涉及购买意图、感知质量、个人喜好等多项内容。旅游业在发展中，特别是广西旅游，更应该分析怎样通过真实性让游客有更高的满意度，这将对目的地管理产生积极影响。广西旅游真实性在游客认知模式中得到充分体现，从"利得利失"方面看，真实性建立在游客多样化感知价值的基础之上，将直接影响到满意度。消费者在没有购买产品之前或没有使用产品时，也能形成价值观，这种价值观取决于对比"所得"与"付出"的结果，满意度则不同，必须是在消费体验之后才能做出的评价。感知价值就是对投入与产出、得与失、利益与成本等进行对比的结果。在投入方面，要重点考虑在交通、价格、获取信息等方面付出的成本；在获得方面，要考虑通过产品、服务等获得的利益。通常情况下，感知价值就是在对某种产品与服务进行购买时形成的个体认知，是一种情感评估，对报价带来的收益与成本进行对比，也会对多个竞争对手的报价进行对比，而且在不同的时间与地点，只要评估发生了改变，感知价值也将有所不同。Parasuraman（2000）指出，在消费者尚未购买某种产品时，其消费行为就已经受到了感知价值的影响，而购买意愿、推荐意图、满意度也会受到感知价值的影响。Kolardneg 等（2010）重点分析了遗产旅游游客的价值观与建筑环境及活动之间的联系，发现游客感知价值与目的地真实性之间有紧密联系。McDougall 等（2000）重点对服务行业的顾客满意度进行研究，发现能产生最明显影响的就是感知价值。Akhoondnejad（2016）对土库曼斯坦手工艺节的 300 余名游客进行调查，发现这部分游客的满意度、感知价值都会受到真实性的影响。所以，在对旅游真实性进行分析时，要把情感、社会、功能三大价值设定为中介变量，弄清与游客满意度之间存在怎样的联系。鉴于此，提出假设。

假设 H6：游客感知价值的中介作用。

假设 H6a：真实性影响游客满意度的机制中，情感价值起中介作用。

假设 H6b：真实性影响游客满意度的机制中，社会价值起中介作用。

假设 H6c：真实性影响游客满意度的机制中，功能价值起中介作用。

5.2.5 游客涉入度的调节作用分析

游客涉入度取决于游客的兴趣与需求，即游客对某种产品与服务的涉入度比较高，游客就会在收集旅游目的地信息方面投入过多的时间与精力，因为其认为如果自己在完成这件事的过程中耗费的时间与精力比较多，愿望成功的概率就比较高。由于游客的关注度比较高，也投入了较多的精力，可以预见的是，其到目的地旅游时的满意度就会相对偏高。伴随着游客对产品了解程度的加深，就能产生深刻的感知价值，做出重游的决定。Hwang 等（2005）重点对位于中国台湾的 5 个公园向游客提供的口译服务进行研究，为了把握游客涉入度、场所依恋、服务质量之间的关系构建了模型。经实证分析发现，游客对服务质量的感知与涉入度之间建立了正向关系，这种情况同时也体现在场所依恋与涉入度之间。与此同时，地方依恋会以间接的方式影响口译服务满意度，这些足以体现出在对游客满意度进行研究时，涉入度同时是前因与中介变量。Chen 等（2008）将电视购物者作为研究样本，经过实证分析发现，不管是感知价值对忠诚度产生影响，还是满意度对忠诚度产生影响，涉入度都能起到调节作用。陈漫等（2012）经过实证分析发现，在顾客关系利益对满意度产生影响的过程中，涉入度是不可忽视的中介变量。结合上述分析提出如下假设。

假设 H7：涉入度在感知价值和满意度中的调节作用。

假设 H7a：涉入度在情感价值和满意度之间起调节作用。

假设 H7b：涉入度在社会价值和满意度之间起调节作用。

假设 H7c：涉入度在功能价值和满意度之间起调节作用。

第6章 实证研究与结果讨论

本章介绍了问卷调研的步骤和数据分析的方法,对数据实施描述性统计分析、信效度检验,而且运用结构方程模型展开细致分析,对理论模型的合理性进行检验。

6.1 正式调研与样本描述

前文已经介绍了预调研活动的组织情况,在此基础上形成正式问卷。能否得出合理结论,与样本数量和质量有必然联系。在正式调研过程中,设定了科学流程并严格执行,有目的地选择样本,对样本规模进行合理控制,及时处理获得的数据。

6.1.1 样本的数据收集

1. 研究地选取

本研究将广西旅游的游客作为研究样本,为了探究游客的体验真实性构建了理论模型,且对模型展开细致分析。在广西民族地区选择目的地,以简单随机的方式确定样本。在正式调研进程中,选择能体现广西旅游特征的几个旅游目的地,保证样本数据代表性。为了能更加顺利地搜集数据,制订合理的调研计划,涉及问卷发放时间、如何处理突发事件等方面的内容(胡抚生,2009)。在组织调研活动中,如果游客不理解问卷中的内容,需要及时对其进行解释说明,帮助游客扫清填写障碍,为调研工作的有序推进做好准备。通过预调研获得了一定的数据资料,剔除无价值的题目,编制合理的问卷。

2. 样本规模的确定

利用 SEM 对数据进行处理时，样本量规模能够影响最终结果。对于建立结构方程来说，一般认为样本量越大则结果越趋稳定和准确。Boomsma（1982）指出最合适的样本量必须在 100 份以上，如果高于 200 份，结果会更精确；吴明隆（2010）指出样本规模最少是 200 份；Nunnally（1978）指出样本数量应该是测量题目数量的 10 倍以上；Bentler 指出样本规模只要达到自由参数的 5 倍就足够；Shumacker 等（1996）指出样本数量应介于 200 到 500 之间。

3. 问卷内容设计

在正式组织问卷填写之前，先将调研的目的、范围、内容、价值等耐心地向游客介绍，尤其要强调将以怎样的方式对游客填写的问卷进行保密处理，为收集客观数据做好准备。正式问卷包含 5 个部分：一是游客的个人信息，涉及学历、经济收入、年龄、在旅游目的地的停留时间等信息；二是游客体验真实性方面的题目；三是游客感知价值方面的题目；四是游客对广西旅游是否满意方面的题目；五是游客涉入度方面的题目。除了第一部分的内容需要游客填写以外，后面 4 个部分的每个题目都为游客提供了 5 个备选答案，这些答案的得分在 1～5 分，游客对题目内容越是同意，得分越高、越是不同意，得分越低。从游客选择的数据中，能看出其对广西旅游保持了怎样的态度。

4. 数据的收集

2022 年 5 月 28 日—8 月 15 日，数据收集团队在预先抽取的旅游目的地，现场发放 580 份问卷，收回 517 份问卷，剔除填写不规范和不符合常理的问卷后，最终获得 486 份有效问卷，对比样本总量要求和各个指标判断标准，这些有效问卷均能满足本研究实际要求。本研究需要分析的有 8 个变量，每个变量所对应的题项均大于 3 个，遇到可能关乎游客隐私的题项时，均会在发放问卷时向受访游客做出不泄漏的承诺，如果有些被访游客想知道调研结果，均会留下联系方式，笔者将在得到结果的第一时间予以告知。

有效问卷的选择影响最终结果的准确性。因此，将收集到的全部问卷，按照以下 4 个判断规则进行剔除，以保证有效问卷的适用性和可靠性：一是剔除那些所有问题只选同一个选项的问卷；二是剔除未完成所有题项的问卷；三是剔除那些所有题项答案趋同的问卷；四是剔除那些前后题项答案矛盾的问卷。依据这 4 项剔除标准，将收集到的全部问卷逐一过滤，最后获得 486 份有效问卷，有效率为 83.79%。

5. 数据分析方法

本研究主要是采用 SPSS 25.0 和 AMOS 23.0 两种软件对数据进行相关分析。SPSS 25.0 主要是用于前期数据的整理、描述性统计以及探索性因子分析等，而结构方程软件 AMOS 23.0 主要是用于数据的验证性因子分析以及数据模型的假设检验。

6.1.2 样本的描述性分析

样本是随机抽取的，数据来自随机抽取的样本，要想深入分析问题和得到更为全面、准确的结果，应首先对收集到的数据展开基础分析，对样本情况有充分的了解。为了实现本研究的目的，调研团队共在旅游目的地随机发放 580 份问卷，回收 517 份，回收率为 89.14%。然后进一步通过剔除规则去掉那些不能反映实际问题的问卷，最终获得 486 份有效问卷，有效率为 83.79%，见表 6.1。

表 6.1　问卷回收统计表

发放数量 / 份	回收数量 / 份	回收率 /%	有效问卷 / 份	有效率 /%
580	517	89.14	486	83.79

注：回收率 = 问卷回收数量 / 问卷发放数量；有效率 = 有效问卷 / 问卷发放数量。

艾尔·巴比（2020）指出，如果调查问卷的有效回收率大于 70%，则表示效果非常好，由此可见，本研究的有效回收率符合分析标准。

本研究的有效问卷中，被访游客的统计情况列示如下。

1. 游客的性别描述

被访游客男女比例差距不大，其中，男性 251 人，占比 51.65%；女性 235 人，占比 48.35%，见表 6.2。

表 6.2　游客性别分布统计表

统计内容		人次	占比	累计占比
性别	男	251	51.65%	51.65%
	女	235	48.35%	100%

2. 游客的年龄描述

被访游客年龄介于 20 岁到 49 岁的共有 384 人，占比 79.01%。19 岁及以下和 60 岁及以上的游客很少，共有 54 人，占比 11.11%，见表 6.3。

表 6.3　游客年龄分布统计表

	年龄阶段	人次	占比	累计占比
年龄	≤ 19 岁	26	5.35%	5.35%
	20~29 岁	123	25.31%	30.66%
	30~39 岁	149	30.66%	61.32%
	40~49 岁	112	23.05%	84.36%
	50~59 岁	48	9.88%	94.24%
	≥ 60 岁	28	5.76%	100%

3. 游客的受教育程度描述

在被访游客的学历统计中，本科人数最多，共 173 人，占比 35.6%；其次大专人群，有 133 人，占比 27.37%；高中或中专学历紧随其后，共 108 人，占比 22.22%；高中以下和硕士及以上的游客较少，合计 72 人，占比 14.81%。从学历分布情况来看，和我国出游游客学历整体情况一致，见表 6.4。

表 6.4　游客受教育程度分布统计表

	统计内容	人次	占比	累计占比
受教育程度	高中以下	33	6.79%	6.79%
	高中或中专	108	22.22%	29.01%
	大专	133	27.37%	56.38%
	本科	173	35.60%	91.98%
	硕士及以上	39	8.02%	100%

4. 游客的职业描述

被访游客的职业统计，企业工作人员人数最多，有141人，占比29.01%；其次是党政机关事业单位人员，有132人，占比27.16%，这两个群体经济条件比较好，也有出游散心的需求，构成了游客的重要组成部分；出游的学生也比较多，有53人，占比10.91%；最后是其他职业人群，合计46人，主要由工人、农民和家庭主妇构成，见表6.5。

表 6.5 游客职业分布统计表

	统计内容	人次	占比	累计占比
职业	党政机关事业单位人员	132	27.16%	27.16%
	企业工作人员	141	29.01%	56.17%
	自由职业者	37	7.61%	63.79%
	个体工商户	51	10.49%	74.28%
	退休人员	26	5.35%	79.62%
	学生	53	10.91%	90.53%
	其他	46	9.47%	100%

5. 游客的月收入描述

被访游客的收入统计，月收入处于3001～5000元的人群最多，有162人，占比33.33%，其次是收入为1001～3000元的人群，有135人，占比27.78%；月收入高于5001的游客数量不多，合计146人，占比30.04%，见表6.6。由此可见，低收入群体是游客的主要构成部分，这个结果可能受到收入不准确的学生群体数据的干扰。

表 6.6 游客月收入统计分布表

	统计内容	人次	占比	累计占比
收入	1000元及以下	43	8.85%	8.85%
	1001～3000元	135	27.78%	36.63%
	3001～5000元	162	33.33%	69.96%
	5001～8000元	81	16.67%	86.63%
	8001元及以上	65	13.37%	100%

6. 游客的停留时间描述

被访游客出游时长统计，在旅游目的地停留 2 天的群体数量最多，有 158 人，占比 32.51%；其次是停留 3 天的人群，有 132 人，占比 27.16%，停留 2 天和 3 天的人群构成了出游旅客的主要成分，合计占比 59.67%，说明短途近郊游人群占多数，见表 6.7。

表 6.7　游客停留时间分布统计表

	统计内容	人次	占比	累计占比
停留时间	1 天	57	11.73%	11.73%
	2 天	158	32.51%	44.24%
	3 天	132	27.16%	71.40%
	4 天	50	10.29%	81.69%
	5 天及以上	89	18.31%	100.00%

6.2　信度与效度分析

接下来对保留的有效数据进行信度检验和效度检验。首先通过测量项目的 Cronbach'α 系数值来进行问卷的信度分析。然后利用 AMOS 23.0 软件，通过验证性因子分析测量问卷的结构效度。需要用到的分析方法以及需要检验的指标上文已有说明，此部分分析按照上文标准。

6.2.1　信度分析

为了探明问卷在稳定性、一致性方面是否符合要求，需对编制的量表实施信度检验。一般而言，问卷调查时会受到各种因素的影响，出现误差也在所难免。检验问卷的信度，就是要对测量结果进行观测，防止出现因太多干扰因素影响问卷填写过程而无法反映真实情况的现象。当前学界主要运用如下方法进行信度分析。

1. 重测信度法（Retest Method）

运用同一份问卷，在同样的游客中组织两次填写活动，且两次问卷填写的时间间隔不长，在此基础上求出两次调研结果的相关系数。相关系数大，意味着问卷中的每个题目都有较高的稳定性。在两次问卷填写中，个人信息部分不应该存在丝毫差异，包括学历、性别等，因此重测信度尤其适合了解游客的习惯、态度、偏好等。然而，在对态度进行测量时，由于时间变化不能精准地进行测量，成本也是一个重要的影响因素，所以这种方法的运用率较低。

2. 复本信度法（Equivalent-Forms Method）

运用这种方法，就是在同一个时间段内，研究者需要准备两份问卷，这两份问卷在内容上尽可能类同，求出两份问卷的相关系数，如果该系数为等值，表明问卷的信度比较高，但如果有较大的偏离度，表明问卷信度较低。两份问卷除了内容以外，提出问题的方式、问卷难度、格式等都应该相同，与前一种方法相比，复本信度法不会受到时间因素的不良影响。但是由于这是一种难度大、要求高的分析方法，所以本研究不予采用。

3. 折半信度法（Split Half Method）

这是一种类似于复本信度法的分析法，在同一时间内组织问卷填写活动，把握好两半问题的难易程度，分析其内容性质，尽可能提高两半问题的内在一致性。具体而言，需要把题目的奇数与偶数题折半分开，求出相关系数，如果这一系数比较高，表明问卷有着良好的信度。

4. Cronbach'α 系数分析法

Cronbach'α 信度系数法往往被用来进行信度测量，随着长时间的使用，已然趋于成熟。一般来说，该系数介于 0 和 1 之间，系数越趋于 1，则说明信度越好。归纳以往研究文献，主流标准认为，系数大于 0.9，则表示该题项信度非常好；当系数落入 0.8 和 0.9 之间，则说明信度很好；当系数落入 0.7 和 0.8 区间，则说明信度比较好；当系数小于 0.7 时，则说明量表的题项存在不合理，需要重新调整和检验（吴明隆，2010）。Cronbach'α 系数信度标准，见表 6.8。

表 6.8　Cronbach'α 系数对照表

Cronbach'α 系数	可信度
Cronbach'α 系数 < 0.3	不可信
0.3 ≤ Cronbach'α 系数 < 0.4	勉强可信
0.4 ≤ Cronbach'α 系数 < 0.5	可信
0.5 ≤ Cronbach'α 系数 < 0.7	很可信（次常见）
0.7 ≤ Cronbach'α 系数 < 0.9	很可信（最常见）
Cronbach'α 系数 ≥ 0.9	十分可信

笔者利用 SPSS 25.0 对正式调研的各个变量进行信度分析，每个维度的 Cronbach'α 系数值，见表 6.9。

表 6.9　量表的 CITC 及信度

变量	Cronbach'α 系数	CITC	删除该项后的 Cronbach'α 系数
客观真实性	0.893	0.681	0.887
		0.879	0.811
		0.819	0.838
		0.692	0.883
建构真实性	0.879	0.663	0.809
		0.765	0.802
		0.738	0.847
		0.559	0.815
存在真实性	0.799	0.656	0.778
		0.712	0.779
		0.791	0.758
		0.513	0.724

续表

变量	Cronbach'α 系数	CITC	删除该项后的 Cronbach'α 系数
情感价值	0.793	0.573	0.792
		0.661	0.728
		0.658	0.763
		0.698	0.719
社会价值	0.782	0.542	0.761
		0.625	0.723
		0.623	0.724
		0.596	0.729
功能价值	0.778	0.541	0.746
		0.569	0.744
		0.505	0.765
		0.611	0.731
满意度	0.832	0.696	0.798
		0.779	0.817
		0.675	0.783
涉入度	0.796	0.793	0.774
		0.757	0.788
		0.787	0.762
		0.679	0.726

由表6.9结果可知，构成游客体验真实性的3个维度所对应的Cronbach'α系数均高于0.7，CITC值也都高于0.35，反映出游客体验真实性构念及其维度都有很好的信度，这些变量的题项具有较高的内部一致性。游客感知价值中的3个维度即情感价值、社会价值和功能价值的Cronbach'α系数均大于0.7，CITC均大于0.35，反映出游客感知价值构念及其维度具有很好的

信度，这些题项之间有着较高的一致性。游客满意度和游客涉入度构念的 Cronbach'α 系数均大于 0.7，CITC 均大于 0.35，也具有较高的信度。所以，能够看出本研究通过正式调研获取的全部量表数据都满足分析前提条件，能够用来反映研究对象的真实情况。

6.2.2 效度分析

效度通常包括内容效度和建构效度两个部分，通常被用来对问卷质量进行测度。一般来说，如果测量的结果和研究对象越相似，则说明问卷的效度越好。内容效度往往用来反映测量内容和测量题项的适合程度，是一种命题的逻辑分析。具体到本研究的量表设计过程，在设计之初，参照了国内外具有代表性的研究成果和深度访谈获得的信息之后，为了保证内容的准确度，在与多位业界专家以及学者深度讨论的基础上，对量表进行了多次调整和校对。由此可见，无论是参考依据还是设计过程，都是严谨和值得推敲的，使得量表自身具有较好的内容效度。所以，考虑到这一点，本研究不再检验内容效度，接下来主要对量表展开建构效度分析。

1. 效度分析的方法

建构效度检验主要通过因子分析法完成，因子分析包括两个部分：探索性因子分析（Exploratory Factor Analysis，EFA）和验证性因子分析（Confirmatory Factor Analysis，CFA）。具体而言，探索性因子分析通常用来对量表的因子结构进行检验，核定各个变量所包含因子的数量。往往是在研究的预调研阶段来开展探索性因子分析，明晰因子的结构，以此进一步显示问卷的建构效度。一般情况下，验证性因子分析被用于探索性因子分析开展之后，继确认变量包含多少个维度的工作之后，进一步明晰量表所囊括的因子和最初的构念是相一致的。

本研究在前文的预调研时期，已经通过探索性因子分析，对问卷展开检验。利用因子分析将测量题项逐一展开检验，进一步说明测量变量具备较好的建构效度。所以，本部分研究首先利用 AMOS 23.0，对调研数据进行处理,通过验证性因子分析测度建构效度的适配度。探索性因子分析通常是指 KMO 检验和 Bartlett 球形检验,通过将该类检验的指标结果与标准数值进行比照,来说明量表各维度能否被用来进行因子分析,假如量表各维度能够满足因子分析法的前置条件,就使用主成分分析方法来提取公因子,继而利用正向旋转法的方差最大法展开旋转。通常情况下,KMO 的值介于 0 和 1 之间,KMO 值越趋向于 1,则表示量表各维度之间的公共成分就越多,通过因子分析获得的公因子就涵盖更多的原始数据信息,这种情况下,更适合利用因子分析法展开分析。按照以往文献的常规标准,如果 KMO 值大于 0.7,则说明可以利用因子分析法来对原始数据进行降维处理。量表数据是否适合进行因子分析,还需要看巴特莱特球体检验能否满足因子分析前置条件,通常认为巴特莱特球体检验伴随概率小于 0.05,即在 5% 显著水平下通过检验,就满足因子分析条件。因子载荷值用来说明量表的公因子含有各维度信息的多少,通常规定,该值大于 0.5,则表明可以用来对公因子进行解释,该值越大则代表公因子含有原始数据的信息就越多。验证性因子分析属于结构方程的次模型,用来检验量表的因子结构模型和原始数据的一致程度(吴明隆,2010)。验证性因子分析通过测算拟合指标来反映指标的适配程度,然后利用对各个维度的检测,进一步明晰各个维度的载荷值,继而测量其组合信度(Composite Reliability,CR)和平均方差抽取值(Average Variance Extracted,AVE),CR 值和 AVE 值能反映出量表的收敛效度和区别效度,以此说明量表建构效度的精确程度。

(1)建构效度指标

建构效度的检验通常涵盖区别效度和聚合效度两个方面,均被用来说明测量值相较于理论构建的反应大小。具体来说,区别效度被用来测量同一构念下各维度之间的差异大小,聚合效度被用来说明同一构念下各维度之间的关联程度。建构效度一般通过以下指标值来说明问题:一是因子载荷值,代表公因子含有各维度信息的多少,常规标准要求该值高于 0.5,这个值越大,则越说明公因子能更准确地反映原始数据真实情况;二是临界比率(CR)绝对值,标准值要求高于 1.96;三是平均提取方差 AVE 值,用来反映各维度的观测数据能够代表实际情况的程度,如果该指标值高于0.5,则表示量表的聚合效度较好,如果该值高于另外的相关系数的平方,则表示量表的区别效度较好(吴明隆,2010)。

(2)模型拟合优度指标

一般情况下,利用卡方值的指数来反映整体模型的拟合度,然而,这个办法存在一些缺陷,卡方值的大小会因样本规模的不同出现波动,特别是在样本量高于200时,卡方值很难准确反映实际情况,为了提高测度结果的准确性,需要使用更为适合的指标来进行测量。考虑到本研究的样本量比较大,所以更适合使用相对指标来反映模型拟合度,根据以往研究成熟做法,本研究选用卡方自由度之比(X^2/df)来进行测量,该值具有相对性,不受样本量规模的影响,该值越小则表示模型的协方差矩阵和观测数据之间越是匹配。按照惯例,当该值小于3时,是满足条件要求的,然而也有部分学者认为能够将标准值设置为5。

比较拟合指标(Comparative Fit Index,CFI),由Bentler(1990)提出,属于增值适配度范畴的指标之一,反映从最限制模型到最饱和模型时,非集中参数的优化程度。该值大小不受样本规模的影响,且介于0和1之间,其值越趋近于1,则说明效果越好。如果该值高于0.9,则说明模拟结果能较准确反映出实际情况。

近似误差均方根(Root Mean Square Error Approximation,RMSEA),此值越小则表示拟合效果越好。如果此值介于0.08和0.10之间,则说明拟合度可被接受,具有普遍适度;如果此值小于0.05,则说明拟合效果很好。较卡方值而言,因为该值大小不会随着样本规模的大小而波动,所以经常被用来对模型路径展开检验(白艳莉,2010)。

非规准拟合指标(Tacker Lewis Index,TLI),一般也被叫作非规准适配指标(Non-normed Fit Index,NNFI),通常利用其分析提出模型与虚无模型二者的匹配程度,该值大于0而小于1。如果该值高于0.9,则说明模型拟合效果较好。然而,较其他指标来说,该值可能会比同类指标数值要更小,也或者在其他指标满足前置条件时,该值并不符合标准要求。为了规避这种不稳定性,将自由度因素纳入进来,对该指标进一步调整,形成调整后的规模拟合指标(Parsimony Adjusted Normed Fit Index,PNFI),较 NNFI 而言,提高了指标的稳定性和适配能力,如果该指标高于 0.5,则表示具有较好的拟合度。

能够被用来反映收敛效度的指标还有两个:CR 和 AVE 通常使用 CR 来说明潜在变量的信度,如果 CR 值高于 0.6,则说明模型的潜在变量间具有较强的关联(蒋婷,2012)。AVE 值能说明观察数据可以反映潜在变量真实情况的水平,如果该值越大则说明潜在变量具有越好的信度和效度。通常标准要求 AVE 值高于 0.5 的同时,各维度的载荷值也高于 0.5,才能够说明收敛效度是较好的(吴明隆,2010)。区别效度效果的判断取决于潜在变量的 AVE 的平方根,通过将潜在变量的相关系数进行对比,如果当前分析的潜在变量系数大于其他变量,则说明所有潜在变量和自身所对应的观察数据之间存在着根本差异,反映出区分效度是显著的。

本研究通过 AMOS 23.0 统计软件,借助结构方程来开展检验性因子分析,且展开模型整体适配的评估。适配指标被用来反映理论模型和数据模型二者间的匹配程度,但该指标无法被用来作为衡量模型是否成立的唯一标准,必须同时加上模型的合理性讨论(吴明隆,2010)。

2.游客体验真实性各变量的验证性因子分析

本研究构建的游客体验真实性变量测量模型,如图 6.1 所示。

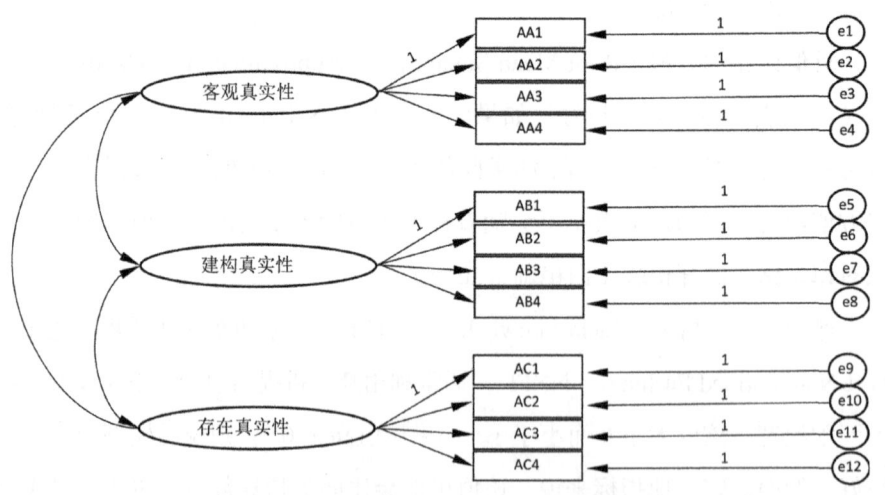

图 6.1　游客体验真实性变量测量模型

本研究利用 AMOS 23.0 软件对模型展开评估，能够得知主要适配指标都满足了最低标准，如图 6.2 所示。

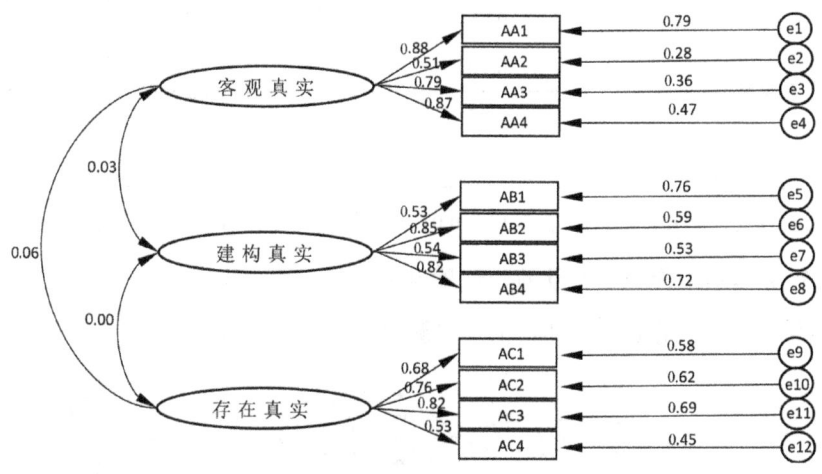

图 6.2　游客体验真实性测量模型结果

X^2/df 的值为 2.389，RMSEA 的值为 0.06，低于 0.08 的标准值，CFI 值为 0.95，高于 0.9 的标准水平，TFI 为 0.96，高于 0.9 的标准水平，PNFI 为 0.68，大于 0.5，说明模型拟合效果较好。所有维度的载荷系数都介于 0.2 和 0.9 之间，说明模型的基本适配度较好，每个载荷系数的伴随概率都小于 0.001 的显著性水平，潜在变量的 CR 值都高于 0.6，AVE 值都高于 0.5，反映出量表具有良好的聚合效度，见表 6.10。

表 6.10　游客体验真实性模型的验证性因子分析结果

潜变量	观测变量	标准化载荷系数	T 值	AVE 值	CR 值
客观真实性	AA1	0.88	***	0.5987	0.8714
	AA2	0.51	***		
	AA3	0.79	***		
	AA4	0.87	***		
建构真实性	AB1	0.53	***	0.5125	0.7782
	AB2	0.85	***		
	AB3	0.54	***		
	AB4	0.82	***		

续表

潜变量	观测变量	标准化载荷系数	T值	AVE值	CR值
存在真实性	AC1	0.68	***	0.5364	0.7985
	AC2	0.76	***		
	AC3	0.82	***		
	AC4	0.53	***		

注：* 表示 P < 0.05，** 表示 P < 0.01，*** 表示 P < 0.001。

3. 游客感知价值各变量的验证性因子分析

本研究构建的游客感知价值变量测量模型，如图6.3所示。

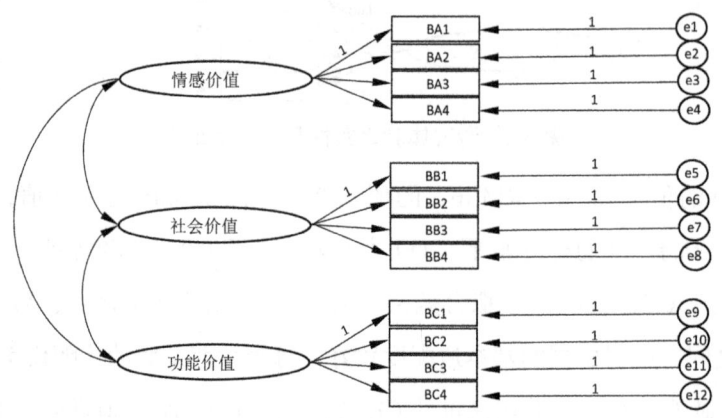

图6.3　游客感知价值变量测量模型

本研究利用 AMOS 23.0 软件对模型展开评估，能够得知主要适配指标都满足了最低标准，如图6.4所示。

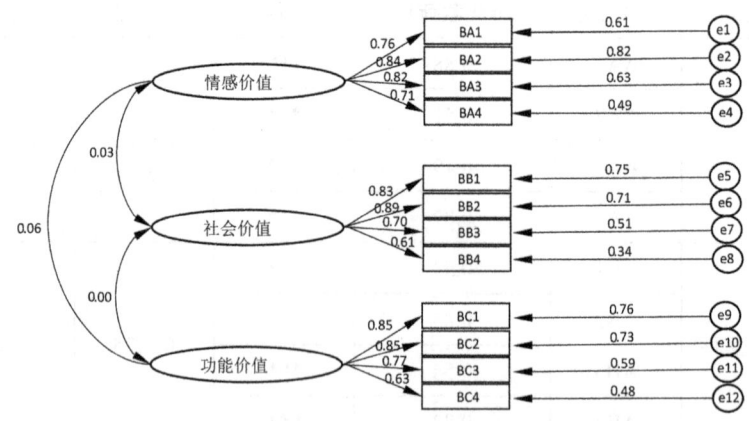

图6.4　游客感知价值变量测量模型结果

"A",见表 6.11,X^2/df 的值为 2.213,RMSEA 的值为 0.05,低于 0.08 的标准值,CFI 值为 0.98,高于 0.9 的标准水平,TFI 为 0.97,高于 0.9 的标准水平,PNFI 为 0.78,大于 0.5,说明模型拟合效果较好。所有维度的载荷系数都介于 0.2 和 0.9 之间,说明模型的基本适配度较好,每个载荷系数的伴随概率都小于 0.001 的显著性水平,潜在变量的 CR 值都高于 0.6,AVE 值都高于 0.5,反映出量表具有良好的聚合效度,见表 6.11。

表 6.11　游客感知价值模型的验证性因子分析结果 –"A"

潜变量	观测变量	标准化载荷系数	T 值	AVE 值	CR 值
情感价值	BA1	0.76	***	0.5876	0.8475
	BA2	0.84	***		
	BA3	0.82	***		
	BA4	0.71	***		
社会价值	BB1	0.83	***	0.5568	0.8243
	BB2	0.89	***		
	BB3	0.70	***		
	BB4	0.61	***		
功能价值	BC1	0.85	***	0.6302	0.8712
	BC2	0.85	***		
	BC3	0.77	***		
	BC4	0.63	***		

注:* 表示 $P < 0.05$,** 表示 $P < 0.01$,*** 表示 $P < 0.001$。

4. 游客满意度量表的验证性因子分析

游客满意度量表仅包含 1 个潜在变量,涵盖 3 个题项。利用 AMOS 23.0 软件来构建验证性因子分析模型,如图 6.5 所示。

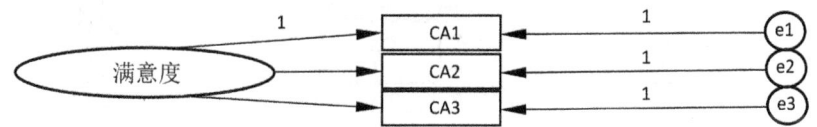

图 6.5　游客满意度变量测量模型

本研究利用 AMOS 23.0 软件对模型展开评估，能够得知主要适配指标都满足了最低标准，如图 6.6 所示。

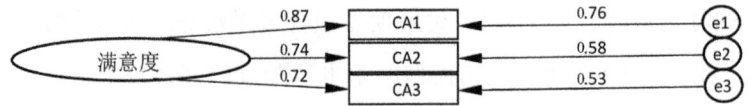

图 6.6　游客满意度变量测量模型结果

所有题项的载荷系数都介于 0.2 和 0.9 之间，每个载荷系数的伴随概率都小于 0.001 的显著性水平，潜在变量的 CR 值都高于 0.6，AVE 值都高于 0.5，反映出量表具有良好的聚合效度，见表 6.12。

表 6.12　游客满意度模型的验证性因子分析结果 – "B"

潜变量	观测变量	标准化载荷系数	T 值	AVE 值	CR 值
满意度	CA1	0.87	***	0.5972	0.8217
	CA2	0.74	***		
	CA3	0.72	***		

注：* 表示 P < 0.05，** 表示 P < 0.01，*** 表示 P < 0.001。

5. 游客涉入度量表的验证性因子分析

游客涉入度量表仅包含 1 个潜在变量，涵盖 4 个题项。利用 AMOS 23.0 软件来构建验证性因子分析模型，如图 6.7 所示。

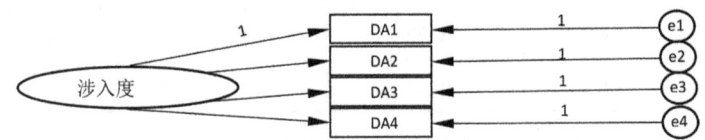

图 6.7　游客涉入度变量测量模型

本研究利用 AMOS 23.0 软件对模型展开评估，能够得知主要适配指标都满足了最低标准，如图 6.8 所示。

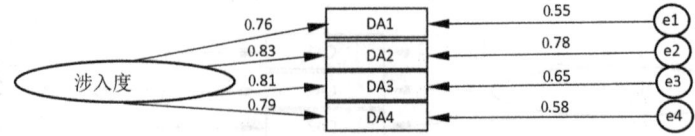

图 6.8　游客涉入度变量测量模型结果

所有题项的载荷系数都介于 0.2 和 0.9 之间，每个载荷系数的伴随概率都小于 0.001 的显著性水平，潜在变量的 CR 值都高于 0.6，AVE 值都高于 0.5，反映出量表具有良好的聚合效度，见表 6.13。

表 6.13　游客涉入度模型的验证性因子分析结果 – "C"

潜变量	观测变量	标准化载荷系数	T 值	AVE 值	CR 值
涉入度	DA1	0.76	***	0.6512	0.8814
	DA2	0.83	***		
	DA3	0.81	***		
	DA4	0.79	***		

注：* 表示 P < 0.05，** 表示 P < 0.01，*** 表示 P < 0.001。

6.3　模型适配检验

6.3.1　初始模型构建

在本研究中，依托相关理论，结合积累的经验，为探明潜在变量之间的关系构建模型，在验证性因子分析时运用了 AMOS 23.0 软件，明确潜在与显在变量之间形成了怎样的关系，以此为前提，采用 AMOS 23.0 软件检验变量之间存在怎样的路径关系，相较于多元回归，该软件向数据提出了更加严格的要求，并能对多组回归方程进行处理，能探明理论模型具备怎样的显著性与预测能力。它不仅可以利用潜在变量对观测值实施残差估计，也对残差项与变量之间的关系表示默认，但在多元回归中，残差与自变量互为独立。主体模型中的变量共计 7 个，把存在、建构、客观 3 种真实性当成 3 个自变量，把功能、社会、情感 3 种价值当成 3 个中介变量，把满意度确定为因变量，问卷中的题目数量共计 27 个，以 AMOS 23.0 软件绘制结构方程模型，如图 6.9 所示。

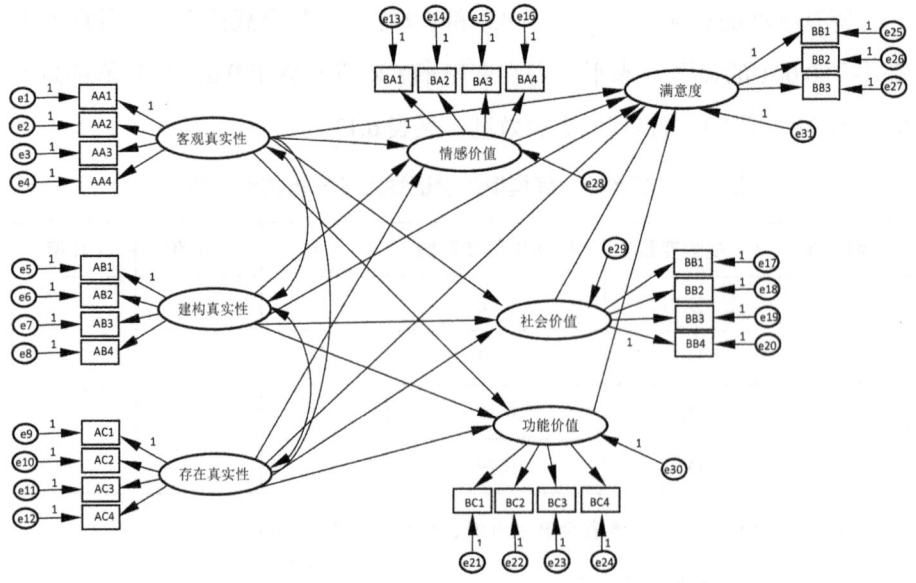

图 6.9 游客体验真实性对满意度影响的初始结构模型图

6.3.2 模型评价

通常情况下，需要通过以下指标和相应标准来反映结构方程适配度水平：绝对适配指标，X^2 值的伴随概率大于 0.05（然而拒绝原假设的概率随着样本规模的增大而增大），CFI 值大于 0.9，RMR 值小于 0.05，SRMR 值小于 0.05，当 RMSEA 值小于 0.05 时，则表示适配度很好，当 RMSEA 值介于 0.05 和 0.08 之间时，则表示适配度合理，当 RMSEA 值介于 0.08 和 0.10 之间时，则表示适配度正常；具体到增值适配指标来说，NFI 值大于 0.9，TLI 值大于 0.9；对于简约适配指标来说，PGFI 值大于 0.5，PNFI 值大于 0.5，CN 值（样本量）大于 200，NC 值代表卡方和自由度之间的比值，该值处在 [1, 3] 区间内，则说明模型具有简约适配度。利用 AMOS 23.0 统计软件将本文提出的模型和数据展开检验，卡方自由度比值（CMIN/DF）为 2.35，RMSEA 为 0.05，CFI 为 0.95，TLI 为 0.95，PNFI 为 0.8，样本量也大于 200份，本研究所提出的结构方程模型的所有指标都满足了最低标准水平，模型整体适配度良好。在输出的 Modification Indices 报表中，根据 M.I.（模型修正指标），若是建立 e13 和 e16 之间的共变关系，可以使卡方值减少 35.1，e13 为指标变量"我可以体验到一些新事物"的误差变量，e16 为指标变量"这次旅游让我心情愉快"的误差变量，从内容上来看两个题项之间有着 0.28 的相关性，从理论上来讲，游客在目的地体验到一定的新鲜事物，导致心情愉悦是合理的。当建立了 e13 和 e16 之间的共变关系之后，修正的模型（图 6.10）。卡方自由度比值（CMIN/DF）为 2.18，RMSEA 为 0.04，CFI 为 0.96，TLI 为 0.95，PNFI0.81，样本量也大于 200 份，适配度合理，可以发现修正后的各项指标更加合理。

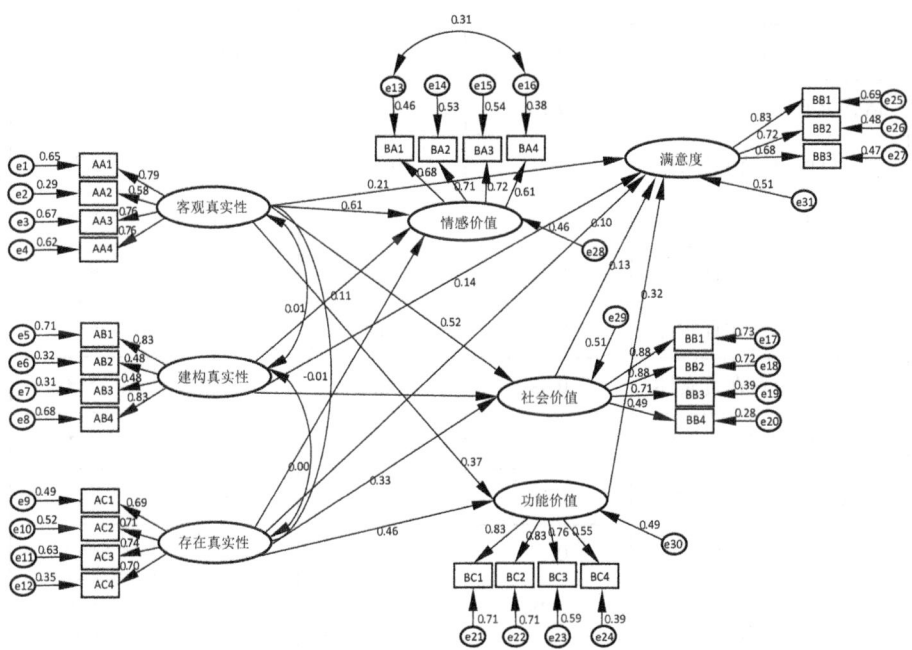

图 6.10　游客体验真实性对满意度影响的结构方程模型检验图

6.3.3　路径分析与假设检验

如果潜变量之间在 0.05 显著性水平上其路径系数符合要求，表明假设符合客观情况；如果路径系数在这一显著性水平中并没有通过检验，可断定假设不成立。经路径模型检验,在显著性检验环节符合要求的假设占多数。从表6.14中可以看出,建构真实性能负向影响社会价值,不符合原假设,但在显著性检验方面不符合要求;建构真实性能正向影响满意度,在显著性检验中未通过;社会价值能正向影响满意度,在显著性检验中未通过。故不符合原假设的共有3个。

表6.14 结构方程模型的路径系数与假设检验表

假设路径关系	标准化系数	标准误差	T值	P
情感价值—客观真实性	0.49	0.03	11.36	***
社会价值—客观真实性	0.32	0.03	8.72	***
功能价值—客观真实性	0.36	0.03	8.16	***
情感价值—建构真实性	0.14	0.02	4.16	***
社会价值—建构真实性	−0.02	0.01	−0.53	0.76
功能价值—建构真实性	0.41	0.03	9.08	***
情感价值—存在真实性	0.42	0.03	8.96	***
社会价值—存在真实性	0.22	0.02	7.13	***
功能价值—存在真实性	0.49	0.04	8.75	***
满意度—客观真实性	0.21	0.04	3.92	***
满意度—建构真实性	0.18	0.07	1.61	0.11
满意度—存在真实性	0.13	0.04	4.28	***
满意度—情感价值	0.28	0.08	3.16	***
满意度—社会价值	0.21	0.11	1.52	0.16
满意度—功能价值	0.35	0.05	6.21	***

注:* 表示 $P < 0.05$,** 表示 $P < 0.01$,*** 表示 $P < 0.001$。

15条假设检验中,有3条伴随概率是P值大于0.05,拒绝原假设;其余12条通过了5%显著性水平检验,假设成立,见表6.15。

表 6.15　假设检验结果

假设编号	假设具体描述	检验结果
H1a	客观真实性对情感价值有着显著的正向影响	支持
H1b	客观真实性对社会价值有着显著的正向影响	支持
H1c	客观真实性对功能价值有着显著的正向影响	支持
H2a	建构真实性对情感价值有着显著的正向影响	支持
H2b	建构真实性对社会价值有着显著的正向影响	不支持
H2c	建构真实性对功能价值有着显著的正向影响	支持
H3a	存在真实性对情感价值有着显著的正向影响	支持
H3b	存在真实性对社会价值有着显著的正向影响	支持
H3c	存在真实性对功能价值有着显著的正向影响	支持
H4a	客观真实性对满意度有着显著的正向影响	支持
H4b	建构真实性对满意度有着显著的正向影响	不支持
H4c	存在真实性对满意度有着显著的正向影响	支持
H5a	情感价值与满意度存在正相关	支持
H5b	社会价值与满意度存在正相关	不支持
H5c	功能价值对满意度有着显著的正向影响	支持

6.3.4　中介效应检验

深入研究所有外因变量对因变量的总体效应，将结构方程的估计值作为依据，归纳总结所有变量之间的直接效应、间接效应和总效应。具体来说，直接效应衡量外因变量对内因变量造成的直接影响；间接效应衡量外因变量通过其他内因变量对其他内因变量造成的影响；直接效应与间接效应之和就是总效应（蒋婷，2012）。利用对直接效应、间接效应和总效应三者间关系的分析，能够说明每个外因变量对内因变量所造成的不同影响，见表6.16。

表6.16 外因变量对内因变量的影响效应

效应类型	结果变量	客观真实性	建构真实性	存在真实性	情感价值	社会价值	功能价值	满意度
总效应	情感价值	0.46	0.38	0.41	0.00	0.00	0.00	0.00
	社会价值	0.32	−0.02	0.23	0.00	0.00	0.00	0.00
	功能价值	0.33	0.38	0.48	0.00	0.00	0.00	0.00
	满意度	0.47	0.31	0.41	0.34	0.21	0.26	0.00
直接效应	情感价值	0.46	0.38	0.41	0.00	0.00	0.00	0.00
	社会价值	0.32	−0.02	0.23	0.00	0.00	0.00	0.00
	功能价值	0.33	0.38	0.48	0.00	0.00	0.00	0.00
	满意度	0.19	0.16	0.13	0.34	0.21	0.26	0.00
间接效应	情感价值	0.00	0.00	0.00	0.00	0.00	0.00	0.00
	社会价值	0.00	0.00	0.00	0.00	0.00	0.00	0.00
	功能价值	0.00	0.00	0.00	0.00	0.00	0.00	0.00
	满意度	0.28	0.15	0.28	0.00	0.00	0.00	0.00

游客体验真实性能直接影响游客感知价值，间接效应是不存在的，这意味着总效应实际上等于直接效应，列表中的总效应与直接效应相符，间接效应是不存在的。在游客体验真实性对满意度造成正向影响的过程中，感知价值是中介变量。细致分析，体验真实性的3个维度对感知价值、存在真实性造成的影响程度有所不同，客观真实性对情感价值造成的影响最为显著，达到0.46，对功能价值和社会价值造成的影响偏低，各自为0.33和0.32；建

构真实性对功能、情感这两种价值造成了相同的影响，均为 0.38，对社会价值的影响弱，即 –0.02；存在真实性对功能价值造成的影响最大，即 0.48，其次分别为情感、社会两种价值，分别为 0.41 和 0.23。建构真实性能消极影响社会价值，但在显著性检验方面，路径系数并不符合要求。

体验真实性中的每一个维度都能以直接和间接的方式对满意度造成影响。客观真实性对满意度的间接影响比较强，而直接影响较弱，分别为 0.28 和 0.19，总效应为 0.47；建构真实性对满意度造成的直接与间接影响相差并不大，分别为 0.16 和 0.15，总效应达到了 0.31；存在真实性对满意度造成的间接影响强于直接影响，分别为 0.28 和 0.13，总效应为 0.41。在显著性检验中，建构真实性对满意度的路径系数不符合要求，不能对比。感知价值的每一个维度都会对满意度造成影响，但只是局限于直接影响，3 个维度对满意度的直接效应有所不同，由高到低分别为情感、功能、社会价值，分别为 0.34、0.26、0.21，由于在显著性检验环节，社会价值对满意度的路径系数不符合要求，无法比较。可见，在真实性的 3 个维度对游客满意度产生的影响中，感知价值能起到中介作用，这一假设成立。结合上述分析，适当调整与修订了概念模型，从中能看出游客体验真实性是按怎样的机理对满意度造成影响，也指明了作用路径，如图 6.11 所示。

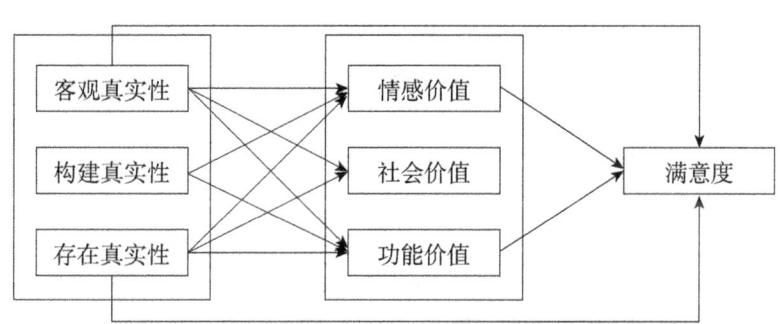

图 6.11　游客体验真实性对满意度影响的概念模型修正

6.3.5　调节效应检验

调节效应的检验主要是利用 SPSS 25.0 软件中多层回归分析方法。

1. 调节变量特征

除了自变量与因变量以外，还存在着第三种变量，包括中介变量、调节变量。当前两种变量的关系恰好为 Z 的函数，则意味着 Z 就是调节变量，如图 6.12（a）所示。这意味着自变量与因变量间的关系会因为 Z 这个变量的存在而发生改变，这种改变主要发生在回归斜率的大小与方向上。调节变量有定性与定量两种，自变量与因变量之间保持着何种方向的关系，以及关系的强度，会因为 Z 变量的改变而改变（葛学峰，2012）。如果把自变量与调节变量当成定距变量，可以通过图 6.12（b）和图 6.12（c）指明的路径图实施回归分析。

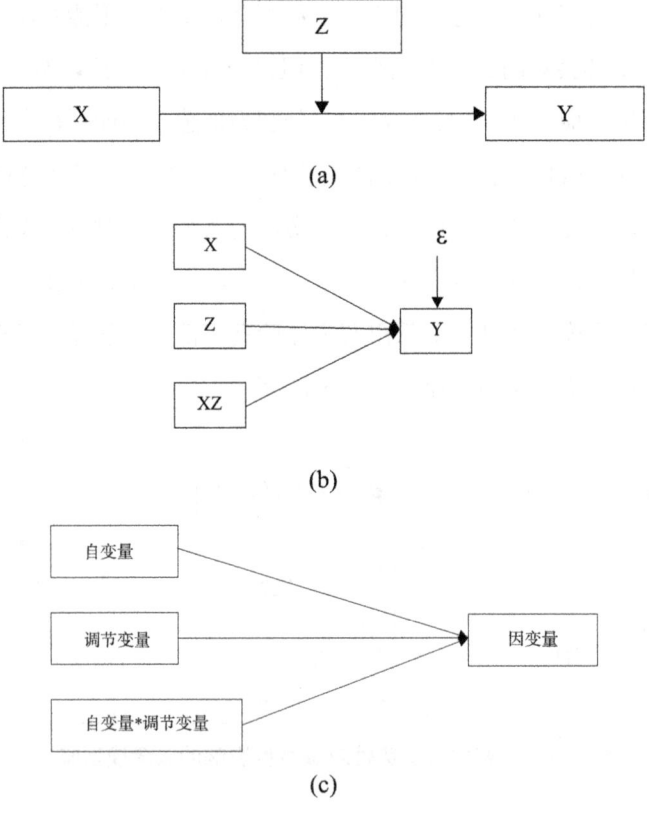

图 6.12　变量间关系图

在计算调节变量过程中，出于对回归系数的大小与显著性进行调整的目的，需要把调节变量与自变量扣除样本均值，这就是中心化处理，在此基础上实施多元回归分析(温忠麟等,2012)。自变量与调节变量的类型有所不同,调节与检验方法也有区别。通常情况下,把变量分为连续变量与类别变量两大类,由此形成了四种情形:一是自变量与调节变量均属于类别变量,检验方法为单因素法;二是两种变量全部为连续变量,在检验时需要将两个变量相乘,再用多层回归的方式对调节效应进行检验;三是两者分别为类别变量、连续变量,要把前者调整为虚拟变量,再结合两者的交互乘积项实施多层回归,探明存在着怎样的调节效应;四是两者分别为连续变量、类别变量,在对调节效应进行检验时需要实施分组回归分析。本研究属于第二种情况,采用多层次回归分析法,运用 SPSS 25.0 软件。

2. 涉入度的调节作用检验

(1)控制变量分析与确认

调节变量与控制变量都有可能会对中介变量与因变量产生一定的影响。在本研究中,为了分析游客感知价值在影响满意度的过程中,涉入度起到了怎样的调节作用,不仅要识别变量,也要对变量进行控制,目的就是更好地揭示感知价值与满意度形成的关系。在对调节变量进行分析时,先分析控制变量对感知价值 3 个维度以及满意度造成了怎样的影响。由于控制变量为类别变量,在实证分析中的使用次数比较多,能探明在控制变量水平发生改变之后,自变量与因变量是否会有所改变,分析这种差异是否会对整个理论模型造成影响。在本研究中,把游客人口统计学方面的因素、在旅游目的地的停留时间当成控制变量,包括文化层次、年龄、停留天数等。本研究逐一分析控制变量,目的就是增强控制能力。连续变量、二分类变量、分类变量的检验方法是有区别的,分别为相关性检验、独立样本 T 检验、单因素方差分析(胡抚生,2009)。

1)游客性别对中介变量和结果变量的影响分析

以性别为依据,把游客划分为两个小组,进行独立样本 T 检验,分析游客感知价值的 3 个维度与满意度是否因为性别不同而有差异,见表 6.17。在 95% 的置信水平中,上述几方面男女游客都不存在明显差异,这意味着因变量与中介变量都不存在性别区别。

表 6.17 因变量与中介变量是否会受到性别影响的方差分析

变量名	性别	样本量	平均值	方差齐性检验 F 值	方差齐性检验 Sig.	均值差异比较 差异值	均值差异比较 Sig.
情感价值	男	251	3.59	0.751	0.276	0.021	0.783
	女	235	3.56				
社会价值	男	251	3.63	0.032	0.762	0.143	0.656
	女	235	3.65				
功能价值	男	251	3.71	2.355	0.157	0.116	0.713
	女	235	3.77				
满意度	男	251	3.81	3.516	0.072	0.304	0.541
	女	235	3.79				

注：方差齐性检验的显著性水平为 0.05。

2）游客年龄对中介变量和因变量的影响分析

本研究按照实际问题分析需要，以年龄为判断标准，把游客划分为"≤19岁""20~29岁""30~39岁""40~49岁""50~59岁""≥60岁"共六大类，通过单因素方差分析法，来反映游客年龄对情感价值、社会价值、功能价值和满意度的影响是否存在着显著性差异，见表6.18。伴随概率均大于0.05，表示游客年龄对情感价值、社会价值、功能价值和满意度的影响均不存在显著差异。

表 6.18 不同年龄游客对中介变量和因变量影响的方差分析表

变量名	平方和	自由度	方差齐性检验 F 值	方差齐性检验 Sig.	均值差异比较 Sig.	均值差异比较 是否齐性
情感价值	139.358	485	2.012	0.091	0.089	是
社会价值	207.753	485	2.215	0.068	0.003	否
功能价值	153.412	485	2.211	0.062	0.152	是
满意度	161.246	485	2.203	0.068	0.021	否

注：方差齐性检验的显著性水平为 0.05。

3）游客受教育程度对中介变量和结果变量的影响分析

按照实际问题分析需要，以学历为判断标准，把游客划分为"高中以下""高中或中专""大专""本科""硕士及以上"五大类，通过单因素方差分析法反映游客学历对情感价值、社会价值、功能价值和满意度的影响是否存在着显著性差异，见表6.19。伴随概率均大于0.05，表示游客学历对情感价值、社会价值、功能价值和满意度的影响均不存在显著差异。

表6.19 不同受教育程度游客对中介变量和因变量影响的方差分析表

变量名	平方和	自由度	方差齐性检验 F值	方差齐性检验 Sig.	均值差异比较 Sig.	均值差异比较 是否齐性
情感价值	139.358	485	0.413	0.786	0.165	是
社会价值	207.753	485	1.295	0.263	0.703	是
功能价值	153.412	485	1.411	0.254	0.817	是
满意度	161.246	485	0.201	0.935	0.682	是

注：方差齐性检验的显著性水平为0.05。

4）游客职业对中介变量和结果变量的影响分析

按照实际问题分析需要，以职业为判断标准，把游客划分为"党政机关事业单位人员""企业工作人员""自由职业者""个体工商户""退休人员""学生""其他"七大类，通过单因素方差分析法反映游客职业对情感价值、社会价值、功能价值和满意度的影响是否存在着显著性差异，见表6.20。情感价值、功能价值和满意度的伴随概率均大于0.05，表示游客职业对情感价值、功能价值和满意度的影响均不存在显著差异。然而社会价值的伴随概率为0.018，小于0.05，说明游客职业对社会价值的影响具有显著差异。

表 6.20　不同职业游客对中介变量和因变量影响的方差分析表

变量名	平方和	自由度	方差齐性检验 F值	方差齐性检验 Sig.	均值差异比较 Sig.	是否齐性
情感价值	139.358	485	1.426	0.189	0.167	是
社会价值	207.753	485	2.671	0.018	0.167	是
功能价值	153.412	485	1.284	0.263	0.002	否
满意度	161.246	485	1.218	0.285	0.014	否

注：方差齐性检验的显著性水平为 0.05。

5）游客月收入对中介变量和结果变量的影响分析

按照实际问题分析需要，以月收入为判断标准，把游客划分为"1000元及以下""1001~3000元""3001~5000元""5001~8000元""8001元及以上"五大类，通过单因素方差分析法反映游客收入对情感价值、社会价值、功能价值和满意度的影响是否存在着显著性差异，见表 6.21。社会价值和满意度的伴随概率均大于 0.05，表示游客收入对社会价值和满意度的影响均不存在显著差异。然而情感价值、功能价值的伴随概率分别为 0.026、0.009，小于0.05，说明游客收入对情感价值、功能价值的影响均具有显著差异。

表 6.21　不同收入游客对中介变量和因变量影响的方差分析表

变量名	平方和	自由度	方差齐性检验 F值	方差齐性检验 Sig.	均值差异比较 Sig.	是否齐性
情感价值	139.358	485	2.812	0.026	0.048	否
社会价值	207.753	485	0.824	0.547	0.021	否
功能价值	153.412	485	3.422	0.009	0.479	是
满意度	161.246	485	0.897	0.516	0.269	是

注：方差齐性检验的显著性水平为 0.05。

6）游客停留天数对中介变量和结果变量的影响分析

在游客停留时间上，本研究共设定了 5 种类型，最低为"1 天"，最高达到了"5 天及以上"，在分析时运用了单因素方差法，分析游客满意度与感知价值 3 个维度是否会因为在旅游目的地的停留时间的不同而有显著性差异，见表 6.22。置信水平为 95% 时，停留时间不同的用户，其满意度与感知价值中的功能和情感两维度并不存在明显差异，但在社会价值方面却是有差异的。

表 6.22　停留时间对中介变量与因变量影响的方差分析表

变量名	平方和	自由度	方差齐性检验 F 值	方差齐性检验 Sig.	均值差异比较 Sig.	是否齐性
情感价值	139.358	485	0.425	0.437	0.379	是
社会价值	207.753	485	4.452	0.006	0.267	是
功能价值	153.412	485	0.869	0.393	0.003	否
满意度	161.246	485	1.784	0.153	0.061	是

注：方差齐性检验的显著性水平为 0.05。

由上述分析知，游客的满意度与感知价值会因为游客的月收入、在旅游目的地的停留时间、收入的不同而发生改变。所以，本研究把这些影响因素确定为控制变量。

（2）分层回归分析结果

在检验调节效应时，本研究在对变量进行多层回归分析时运用的是 SPSS 25.0 软件，这种分析方法最大的优势就是能细致地分析变量交互项能起到怎样的作用。在对自变量与因变量进行分层回归分析时，除了能估计自变量的参数值以外，也能确定自变量对因变量能起到怎样的方差解释作用，还可以对其他变量造成的影响进行有效控制。把感知价值的 3 个维度确定为自变量，调节变量、因变量则分别为涉入度、满意度，然后实施回归分析。其次就是要确认控制变量并进行分析，本研究选择的是收入、职业、在旅游目的地的停留时间。

在分析调节效应时，需要处理所有变量的数据，从测量值中扣除变量均值，这就是中心化处理，以消除多重共线性问题。为了探明游客感知价值的 3 个维度在对满意度造成影响时，涉入度是否为中介变量，本研究构建了多个模型，见表 6.23。在模型 M1 中，解释变量仅包含控制变量，也是游客的职业、收入和停留时间对游客满意度的影响。社会价值对游客满意度的影响并未通过显著性检验，因此这里不需要做调节效应检验。模型 M2、模型 M4 分别在模型 M1 的基础上加入了游客的情感价值和功能价值，模型 M3 在模型 M2 的基础上加入了情感价值 * 涉入度、模型 M5 在模型 M4 的基础上加入了功能价值 * 涉入度。

表 6.23 涉入度的调节作用检验

自变量	满意度				
	模型 M1	模型 M2	模型 M3	模型 M4	模型 M5
constant	37.563	17.429	17.628	11.582	11.603
控制变量					
职业	−0.059	−0.063	0.075*	0.077*	−0.051
收入	0.171*	0.176*	0.184	0.174*	0.152*
停留时间	−0.166	0.174*	−0.191	0.163	0.124*
自变量					
情感价值		0.29*	0.49*		
情感价值 * 涉入度			0.113*		
功能价值				0.33***	0.42***
功能价值 * 涉入度					0.79***
R^2	0.51	0.53	0.58	0.52	0.59
调整后的 R^2	0.43	0.46	0.47	0.44	0.48
F 值	4.172	0.976	2.642	4.112	2.649
DW 值	1.878	1.867	1.803	1.913	1.832

注：N=486；* 表示 P < 0.05（双侧）显著相关，** 表示 P < 0.01（双侧）显著相关，*** 表示 P < 0.001（双侧）显著相关；表中回归系数均是标准化回归系数。

从表 6.23 中数据可知，功能与情感两种价值与满意度之间都存在着正向关系，这一点借助结构方程模型能够证实，在此基础上也实施了多层回归分析，这一结论得到了检验；情感价值＊涉入度与满意度之间形成了 0.113 的回归系数，在 0.05 水平保持显著，这意味着在情感价值影响满意度的过程中，涉入度能产生调节效应；功能价值＊涉入度与满意度之间有着 0.79 的回归系数，其显著只是停留在 0.001 水平中，表明在功能价值影响满意度的过程中，涉入度能产生调节效应。由数据分析可知，把涉入度这一调节变量加入其中，促进了拟合指数 R^2 的增加，这意味着在本研究研究过程中，把涉入度当成调节变量，符合实际情况。

6.4 研究结果讨论

经过实证分析，探明了 3 个变量之间存在着怎样的关系：游客满意度与感知价值会受到体验真实性每一个维度的影响。对于具体存在着怎样的关系，本节将进行归纳总结，为旅游目的地更加有效地管理游客体验真实性带来理论和实践指导。

6.4.1 游客体验真实性对游客感知价值的影响

对于游客而言，到旅游目的地的目的就是要获得感知价值，在游览过程中，游客会对旅游质量做出总体评价。游客体验真实性会对感知价值造成影响，既往学者在这方面的研究中，重点关注了游客满意度与体验真实性之间的联系，以规范实证的方式把游客真实性进行拓展，使之延伸到游客感知价值上。经研究了解到，客观真实性能正向影响感知价值的每一个维度，这种影响是显著的，符合显著性水平检验要求。建构真实性对社会价值显示出负向（-0.1）的影响，但是没有通过显著性检验（P=0.84），对情感价值和功能价值的影响通过了显著性检验。对其中的原因进行分析，就是因为游客建构真实性会使自己的情感、功能两种价值发生一定的改变，但不会明显影响到社会认同与人际交往。存在真实性会影响感知价值的3个维度，这种影响是正向的、显著的。从游客存在真实性看，在与其他游客保持情感联系时，与社会和情感两种价值保持一定的联系，对其目的地价值观的形成造成影响（Russell et al., 2010；Sánchez et al., 2006）。Jang 和 Ha（2012）分析韩国餐厅消费的顾客，发现顾客情感会受到多个因素的影响，真实性是影响程度最深的一个因素，受访者并不了解餐厅食品的真实性，主观认知发挥出重要作用，却能让游客产生积极情绪，足以体现出感知价值会受到真实性的影响。因此可知，游客体验产生的影响作用是借助感知价值实现的，足以表明体验真实性对满意度产生影响，这是一个极其复杂的过程。

6.4.2 游客感知价值对游客满意度的影响

由实证检验结果可知，游客感知价值对游客满意度影响部分通过了理论假设。广西旅游产品和服务形式多样，使游客产生多方面的感知价值。由检验结果可以看出，游客情感的价值（伴随概率小于0.05）和功能价值（伴随概率小于0.001）均能够对游客满意度造成显著正向影响，但游客的社会价值对满意度造成负向影响（–0.1），然而在5%水平下不显著（伴随概率大于0.05）。

既往学者在研究中提出，游客满意度会受到感知价值的影响，许多学者在服务营销领域的研究中意识到顾客感知价值与满意度之间存在着正相关关系且显著（Choi et al., 2004；Spiteri & Dion, 2004；Yang & Peterson, 2004；Gallarza & Saura, 2006；Lin & Wang, 2006；Chen & Tsai, 2007）。在旅游方面的研究中，Parasuraman（2000）认为游客感知价值能积极影响游客满意度、选择行为、重购行为，这种影响是显著的。Lee 等（2005）认为游客满意度会受到功能、情感两种价值的影响，而且显著。

在感知价值中，学者们把更多的精力用于对社会价值进行研究，Sanchez

等（2006）、Gallarza 等（2006）在实证分析中了解到游客满意度与社会价值之间存在着明显的正向关系，两者会同时提升或下降。Williams 等（2009）发现，游客满意度与社会价值之间并不存在正相关关系。从本研究的实证检验结果可以发现，游客感知价值中的社会价值并不会正向影响游客满意度（P=0.11），没有通过显著性检验，这与 Williams 和 Soutar（2009）等的研究结论相一致。充分表明游客抵达旅游目的地后，在与同游者的互动中，并未让他们对自己有更深入的认识，亦未展示出个人品位，因此并未提升游客的整体满意度。分析原因，在于收集到的样本在旅游目的地停留的时间都比较短，游客在短暂的时间内无法与周围的人形成融洽的社会关系，所以满意度不会受到社会价值的显著影响。

一部分实证分析结果显示，游客的情感价值能够给游客满意度带来显著正向作用，也就是说游客的情感价值越高，就越可能在旅游的经历中收获更多的快乐，进而让自己感觉到更加满意。Lee 等（2007）经过现场考察，并通过建立游客对旅游感知价值的模型分析，我们发现游客的情感体验和实用性需求对他们的满意度产生了显著的影响。根据本研究的实证数据分析，情感体验对满意度的正面影响是显著的，这与先前的研究成果是相吻合的。除此之外，功能价值也能够给满意度带来显著的正向影响，反映出如果游客在旅游中获得的收益越多，则游客的满意程度就越高，也就是说功能价值是影响游客满意度的重要因素。

6.4.3 游客体验真实性对游客满意度的影响

由本研究实证结果可知，部分理论假设通过了验证。广西旅游较其他旅游地而言，具有其自身的特色，能够使游客产生多种真实性的认知。客观真实性和存在真实性均能够给游客满意度造成显著的正向作用。但是建构真实性并不能够显著影响游客满意度。

游客满意度是由认知真实性导致的，如果游客的体验真实性比较高，其满意度也比较高。满意度就是在整个消费过程中消费者从总体上对自己的体验做出评价。从认知视角出发，消费者的期望与体验将决定着其对自己的经历感到满意或不满，如果与自己的期望并不一致，就会感到不满。在分析游客是否会再次到某一目的地旅游，或者能否积极地进行口碑宣传时，满意度是重要的预测因素，这意味着在目的地管理中需要对游客满意度进行分析。在过去一段时间内，许多学者认为旅游满意度是由认知真实性造成的，即体验真实性能直接影响旅游满意度，两者能同时实现提升。感知真实性是一个与质量和价值有着较高相似度的评价概念（Kolar et al.，2010）。所以，游客的体验真实性实际上就是评估过程，这一结论在游客满意度研究方面贡献了巨大力量。在旅游研究中，越来越多的学者围绕真实性与满意度之间的关系进行了实证分析，理论成果逐年增加（Novello et al.，2014；Tu et al.，2014）。高燕等（2007）将到黑衣壮族聚居区旅游的游客作为研究对象，经过深入分析之后了解到，其满意度与文化真实性感知保持着正向联系。何小芊等（2019）对到婺源县旅游的游客进行分析，为其构建了"真实感—满意度"分析模型，发现两者之间存在着紧密联系。

Steiner 和 Reisinger（2006）及 Myunghwan（2012）研究证实存在真实性对游客满意度有着显著的正向影响，存在真实性越高，游客的满意度程度越高。从本研究的实证研究可以发现，存在真实性对满意度的正向影响通过了显著性检验（P<0.05）。足以体现出如果游客到某地旅游时产生了强烈的自我真实性，就会有更高的满意度。Verma 等（2016）以文化遗产地的游客群体为研究对象，对他们的遗产真实感进行了深入探究。具体地，从印度的马哈巴利普兰文化遗产地中随机选取了 328 名游客进行样本分析，对问卷填写的数据运用 AMOS 软件进行分析，发现游客体验真实性能积极影响其行为意图、满意度等。

在本研究中，重点分析遗产地游客的遗产真实性、满意度、行为意向、感知价值之间存在着怎样的联系。撰写本文的目的就是结合当前文化遗产旅游市场的发展情况摸索出能有效评估遗产真实性的方式。在结构方程建模、验证性因子分析两方面均运用了 AMOS。从总体上看，遗产真实性会对另外几个变量产生积极影响。本研究的实证得出，客观真实性对满意度有着正向影响并且通过显著性检验（P<0.001）。这表明旅游目的地越符合客观真实性，游客就会越感到满意。Myunghwan（2012）指出，在传统村落中，游客能够享受到丰富的历史文化体验。为了确保游客能够获得真实的体验感受，村落需要营造浓厚的历史氛围，并主动与游客互动，以此来提高游客的满意度。鉴于历史环境的构建与真实性的关系，一旦游客的体验真实性得到加强，他们的满意度通常会随之提升。然而，本研究的实证结果显示，构建真实性与满意度之间的正向关联并未达到统计上的显著性水平（P=0.08）。这一发现表明，与民俗村落相比，广西的旅游业存在较大的不足，游客普遍认为广西的旅游体验缺乏真实感，难以满足游客的期望，仅仅是将真实性的构建转化为表面的符号，并未能有效提升游客的满意度。

6.4.4 游客感知价值的中介作用

从现阶段与旅游有关的研究情况看，在游客体验真实性影响满意度的过程中，感知价值起到了中介作用，但学者并没有在这方面进行实证分析。在分析广西旅游游客体验真实性是以怎样的机理影响满意度时，本研究设定了中介变量，即感知价值。在研究中了解到，游客体验真实性共包含3个维度，但其中有一个维度如果离开了感知价值，则无法对满意度造成影响，而另外两个维度对满意度的影响是直接实现的。结合检验结果看，游客感知价值的每一个维度都会对其满意度造成影响，属于前因变量，这意味着在游客体验真实性影响到满意度的过程中，感知价值能产生中介效应，游客满意度会受到客观与存在真实性的直接影响，建构真实性对满意度产生的影响，在假设检验中没有通过，这意味着只有通过中介变量才能产生这样的影响。之前许多学者在分析游客体验真实性对满意度造成的影响时，并没有引入中介变量（Dipietro et al., 2017），但也得到了与本研究相类似的结论，本研究只是从另外一个视角阐述了在对游客体验真实性进行研究时，要对感知价值发挥出怎样的中介作用予以关注，这将对广西旅游企业在市场营销过程中做出合理的战略部署起到指导作用，促进游客感知价值的提升，能让游客满意度逐渐提高，让广西旅游产生更强的竞争力。以广西的边境旅游为例，边境 8 县（市、区）旅游竞争力的地理空间格局呈现"倒骆驼"形状，那坡县居于尾部，边境旅游竞争力最弱；靖西市等 5 市处于躯干，边境旅游竞争力较强；东兴市和凭祥市位于形体下半部分，边境旅游竞争力最强，总体而言，广西边境县域旅游竞争力空间格局主要呈现东南高、西北低态势[①]。前文已经介绍过，游客体验真实性对感知价值的影响力是不同的，自高到低依次为客观、存在、建构 3 种真实性。要对游客感知价值的意义产生准确的理解，才能引领旅游企业制定合理的营销策略，以增强竞争力。

6.4.5 控制变量的影响

在检验调节作用之前，先要把对因变量与中介变量实施线性回归分析，需要运用 SPSS 25.0 软件，涉及游客在旅游目的地的停留时间、文化层次、性别等。经检验可知，在感知价值和满意度上，不会因为游客文化层次、年龄、性别的不同而发生改变，却会因为停留时间、职业、收入的不同而不同。所以，把后 3 项会产生影响的控制变量作为检验重点。

6.4.6 涉入度的调节作用

情感价值会正向影响游客满意度，在这一影响中，涉入度能发挥调节作用。如果假设 H7a 是成立的，即游客涉入度比较高，满意度就会受到情感价值的积极影响。游客涉入度较高，就能从心理上对目的地形成归属感，对其总体做出积极评价，并对产品服务表示满意。如果游客涉入度比较高，表明在来到此地之前已经投入大量精力、成本、情感等搜集信息，产生了良好的情感认同价值，即使在旅程中遇到了一些干扰因素，也能持包容的态度。可见，在情感价值影响满意度的过程中，涉入度能起到增进影响的作用。功能

---

① 黄爱莲. 边境县域旅游兴边富民竞争力评价——以广西边境 8 县（市、区）为对象 [J]. 社会科学家，2022（7）：22-31.

价值会正向影响游客满意度，在这一过程中起到调节作用的是涉入度。如果假设 H7c 是成立的，意味着如果游客涉入度比较高，就会导致功能价值更加明显地影响满意度。在功能价值对满意度的影响中，涉入度起正向调节作用。游客涉入度较高，在到旅游目的地之前就已经对这里心驰神往，或者对其较为熟悉，在心理上做出了良好的功能价值评价。

经上述分析，对变量结构产生了细致了解，为检验理论假设是否成立夯实了基础。在此基础上，检验体验真实对感知价值、满意度产生了怎样的影响，发现模型具备较高的拟合度，体验真实性的 3 个维度都会影响感知价值与满意度，但影响程度有所不同，有 3 个假设是不成立的，分别为建构真实性对满意度、社会价值的影响，以及社会价值对满意度的影响。为了探明在感知价值影响游客满意度的过程中，多层回归分析涉入度能否发挥调节作用，上文进行了回归分析，从得出的结果看，涉入度在 3 个变量之间都能发挥正向调节作用。此外，也分析与讨论了实证研究结果，明确了体验真实性是按怎样的机理影响游客感知价值与满意度的。

第 7 章　广西游客满意度的提升对策

本章立足于前文结论，站在旅游目的地管理者立场上分析问题，分别对影响国内游客对广西旅游满意度的因素提出合理的改进建议。

7.1　旅游目的地管理者在激励因素方面应采取的对策

广西全域旅游建设存在"质"和"量"的问题，如思维固化、文创开发区域不平衡等，迫切需要克服文旅产品单一、产业协调不足、旅游人才匮乏等缺陷[①]。广西在乡村振兴战略实施的大背景下，以旅游业助力乡村振兴为契机，从多种渠道筹措资金，把更多的资金用于设施建设方面，打牢全域旅游的发展基础。本次通过调研了解到，国内游客对广西旅游目的地的总体形象、娱乐、环境、餐饮、游览 5 个方面较为满意。King（1970）为激励与保健因素的划分设定了标准，也提出了相应的评价标准，把这 5 个因素全部归类为激励因素。

7.1.1　环境方面应采取的对策

在调研中了解到，游客对广西旅游环境感知质量给出了 5.13 分的评价（所有评价项目的最高分相同，均为 7 分），足以体现在环境改造方面，广西的努力没有白费，游客对这里的整体环境表示认同。整体环境一般包括自然

[①] 张瑞梅.供给侧结构性改革背景下广西全域旅游建设研究[J].广西大学学报（哲学社会科学版），2021，43（6）：93-100.

环境和社会环境。从游客对旅游自然环境的需求来看,需要把街道卫生、绿化水平、空气质量、公厕卫生、视觉空间、休闲场所舒适度、基础设施建设等当成重点。尤其要让公厕卫生条件得到改善,因为这是游客投诉的焦点问题。另外,尽管社会环境问题无法在短期之内彻底解决,但是从广西总体发展情况看,旅游目的地管理者在做出决策或是采取措施时,一定要有良好的延续性。

一是加强旅游市场监管。市场机制是旅游业资源最佳的配置方式,但市场本身存在的局限性需要科学的市场监管,以提升广西旅游的市场信心。为此,广西旅游管理部门需要构建以信用监管为基础的市场监管制度,创新"双随机、一公开"的监管方法,突出专项监管优势,以完善新型的旅游市场监管体系,从而促进旅游市场健康规范发展。"广西拥有比较丰富的健康资源和旅游资源,在新时代人们物质生活水平不断提高、精神生活不断丰富的形势下,健康和旅游成为人们追求的目标和需要。"[1]广西旅游监管部门要建立旅游企业信用评价体系,完善企业信用管理平台和信用信息公示制度,完善旅游市场"黑名单"制度,夯实行业自律基础,积极引导商家诚信经营。此外,广西旅游管理部门和旅游企业需要建立旅游市场运行监测体系和信息互联共享应用机制,积极推进广西旅游政务服务数据接入全国旅游大数据分享及服务平台,推动广西旅游资源的全国范围内的共享互通。广西旅游管理部门要积极推进"互联网+"的监管模式创新,运用网络大数据及时构建全区旅游资源共享及服务全过程监督,从而对旅游风险进行动态管理和实时监控,及时发布旅游风险的预警,及时规避潜在的旅游风险以减少游客损失。广西旅游执法部门要加强综合行政执法,依法落实旅游市场监管责任,建立执法人员名录库,加强执法队伍培训,建设坚强有力的旅游市场综合执法队伍。总结前期第三方旅游市场"体检式"暗访工作经验,加强部门联动,逐步完善由第三方暗访调查机构、旅游执法队、旅游企业构建的"暗访—通报—整

---

[1] 熊素玲.广西大健康与旅游产业的融合发展[J].社会科学家,2022(9):42-47+55.

改—再暗访"的循环暗访工作机制,巩固暗访工作成效,进一步规范旅游市场。旅游活动具有跨区域动态性,因此旅游执法需要跨区域合作,并在旅游案件中跨区域共享旅游投诉,受理以及联合办案等信息,从而实时联合处置旅游投诉案件,并在旅游专项整治过程中,协同处理强迫消费以及低价旅游等扰乱旅游市场秩序行为。

二是加强行业管理和服务。优化营商环境,进一步深化旅游市场"放管服"改革,优化旅游市场准入机制,健全和完善市场负面清单制度,并维护市场在旅游资源配置中的决定性地位,进一步提振市场主体信心,激发市场主体活力。全面贯彻落实系列减税降费政策,切实减轻市场主体的税费负担。推动建立政企合作平台,推进多方交流,充分了解企业发展诉求,解决症结难题,促进形成政企互通、良性互动的发展局面。加强知识产权保护,鼓励企业研发具有知识产权的旅游产品。广西旅游资源开发,需要因地制宜发挥行业协会等民间组织的作用,通过第三方市场主体维护广西旅游市场秩序并约束规范旅游市场从业者各类行为。加强安全管理。构建旅游安全保障体系,构建旅游风险预警及处置机制,从游客安全利益出发,及时健全各类旅游风险的防范和化解机制。同时,对旅游高峰期的市场项目及时进行安全监管,营造"放心游广西"的市场环境。建立健全旅行社动态管理机制、旅游住宿业标准监督实施机制、完善旅游投诉受理和反馈机制,规范在线旅游经营服务,与时俱进地推进市场风险市场解决方案,即采用旅游保险产品来规避旅游过程中的安全问题给各方带来的利益风险,同时推进旅游行业安全标准的制定与实施,提升政府及企业对旅游安全的保障能力。推进文明旅游。实施文明旅游推进计划,强化文明出游意识,推动文明旅游工作走向常态化和机制化。广西旅游部门应定期推进旅游主体的市场宣传和教育活动,通过评定旅游示范单位来规范旅游市场行为,加强对散客、自驾游客、个体探险者的安全文明引导,积极营造文明旅游环境。推进旅游志愿者队伍建设,打造广西旅游专属的市场名片,以旅游志愿者示范行为来引导和规范各类旅游市场服务行为。

三是推进文化和旅游标准化建设。广西地区旅游资源丰富多样,其旅游产品的开发和市场在行业标准方面存在诸多有待完善之处,为此需要因地制宜修订广西地区旅游标准,重点在旅游资源开发,公共服务以及市场监管等方面进行标准优化工作,鼓励出台旅游地方标准,通过协调整合国际、国家及地方等行业标准,优化旅游行业的标准体系。强化标准管理,健全标准化协调机制,优化标准申报、立项和审批流程,积极参与标准国际化工作。加强标准宣传贯彻和实施,开展标准化试点工作,推进标准化示范单位评定,持续推动旅游企事业单位开展质量等级评定,以标准化引领质量提升。广西旅游管理部门及企业应积极加强与国际的交流合作,引入先进的国际旅游服务质量认证体系,打造国际化的广西旅游服务品牌,从而提升广西旅游的游客体验。

结合前文阐述,最低的分值出现在游客抱怨方面,足以体现在开发全域旅游过程中,相关部门并没有把握住游客需求,其意见也被忽略,这是遭到游客投诉的根本原因。所以,要采集游客意见,了解其需求,对游客投诉及时回应,这是广西旅游业可持续发展的重要前提。一要发挥"互联网+"技术手段的优势,对景区建设情况、拥有的资源进行宣传,消除信息壁垒,帮助游客解决困难。二要成立专门处理游客投诉的小组,细致分析游客投诉的原因,有针对性地解决问题,促进游客满意度提升,同时要把游客的不满、建议等进行汇总,理性分析、科学评估,取得良好的整改效果。三要对广西全域旅游秩序进行规范,加大对整个市场的监管力度,使各种扰乱旅游秩序的问题得到解决。

7.1.2 游览方面应采取的对策

经调研了解到,在游览感知质量上,游客给出的分数仅有 4.50 分,足以体现在对广西旅游吸引力做出评价时,游客表示不满。分析原因,尽管广西的国家 A 级旅游景区数量达到 665 个,但缺乏足够的特色,很难在国内外形成较高知名度。本研究通过对游客需求的实证分析，发现广西旅游目的地管理者当前的做法存在许多欠缺，下一步要突出广西旅游特色，注重完善现代旅游业体系。

第一，打造特色主题旅游和精品旅游路线。以"桂林山水风光""北部湾浪漫之旅""壮丽边关风光""长寿之乡广西""壮族三月三庆典""刘三姐文化之旅"等六大知名品牌为核心，充分利用广西桂林、北海等地的自然风光和地理优势，打造观光、休闲疗养、民俗体验等综合性的旅游产品。通过这些项目，将广西独特的地域文化和民族历史传播给游客。同时，根据不同地区的特点，开发具有地方特色的主题旅游项目，例如北部湾海滨度假、巴马长寿养生之旅、民族风情之旅、桂北红色旅游线路等。

第二，推进全域旅游发展。广西旅游具有资源多、分布广等特征，需要从战略高度统筹协调区域内各种特色旅游项目，通过旅游示范区有序推广，并依法治理和统筹全区的旅游资源，防止无序开发和旅游资源的浪费等问题出现。打破行政区域界限，加快城乡旅游一体化，形成以点对点为核心的立体化旅游市场格局，开发专项旅游路线，逐步提升景区资源共享共建的市场化水平。

第三，提升旅游景区的服务品质。广西旅游品牌的构建，需要依托桂林等一系列世界级的旅游城市名片，推动如阳朔遇龙河度假区等次级旅游资源的开发与提质升级，深入挖掘文化内涵，开发高品质的主题旅游和休闲度假产品，培养世界级旅游城市服务能力。加强旅游景区、度假区顶层设计和建设指导，健全优胜劣汰的动态监管机制，从而争创国际5A级旅游品牌。

7.1.3 餐饮方面应采取的对策

全域旅游要想实现可持续发展，必须促进旅游业与其他产业的融合，通过产业融合实现旅游业态的创新，开发出大量能体现当地特色的旅游产品。广西拥有丰富的自然资源，形成了多样化的环境类型，林、农、体育、文化等产业在发展中不断实现突破,"产业+旅游"这一模式的推进,有利于开发出更多能展现广西风采、形成地方特色的旅游产品,包括康养体育游、民宿游、度假游、文化体验游等,争取实现游客满意度的提升。

通过调研了解到,游客的餐饮感知质量分值为5.16分,足以体现出广西餐饮服务水平从总体上得到了游客的认同。在调研中了解到,广西旅游目的地管理者要把餐饮服务当成管理重点,不仅要丰富餐饮品种,持续改善卫生条件,保证餐饮价格的合理性,还要从环境、等候时间等方面入手加大管理力度,全面提升工作人员的服务水平。

广西有着丰富的饮食文化,广西美食融合了汉族、壮族、瑶族、侗族等多个民族的传统烹饪技艺,形成了独特的广西美食文化,广西小吃也名扬海外。因此,旅游目的地管理者要从更深层次对广西饮食文化进行挖掘与开发,对餐饮企业的发展进行引领,开发出能吸引游客、体现自身特色的菜肴与小吃,也要从环境、价格、卫生、服务质量等方面持续管理好餐饮企业。为此,广西旅游应当积极推广具有特色的地方饮食及其文化,如老字号广西美食之旅项目,桂派小吃、壮乡风味、簸箕宴、长桌宴等特色餐饮。同时,广西旅游部门应积极筹划广西特色的美食节,邀请中外游客参与独具地方和民族特色的美食旅游项目,如黑山羊美食节、钦州蚝情节、中国·北部湾开海节等美食活动,积极扩大广西旅游的品牌影响力。

7.1.4 娱乐方面应采取的对策

通过本次调研了解到,在娱乐感知质量方面,游客评分偏高,达到了5.42分,足以体现出广西娱乐服务水平从总体上得到了游客的认同,游客对其给出了较高评价。结合本研究的调查结果,广西旅游目的地管理者要把娱乐当成一项重要的管理内容,不仅要丰富娱乐产品,而且要体现特色,在定价方面要做到合理、科学,增强服务人员的能力。广西拥有丰富多彩且底蕴深厚的文化资源。壮族的歌、瑶族的舞、苗族的节是广西民族风情游的三大特色项目。从现阶段广西旅游业的发展情况看，较为缺乏的是代表性与影响力都比较强的娱乐休闲项目，这就要求旅游目的地管理者在下一阶段的发展中要着力推进文化休闲娱乐创新。

广西旅游管理部门应鼓励旅游特色项目开发，如主题演出、驻场演出和旅游巡演项目等，继续提升《印象·刘三姐》《花山》等演艺项目品质，加快《突破湘江》《桂林有缘》等演艺项目的创作开发，营造"广西有戏"的旅游演艺精品。申请创办中国—东盟文化艺术节，持续办好广西剧展、广西音乐舞蹈比赛、广西杂技魔术展演等品牌艺术赛事。乡村振兴是广西旅游市场开发的重要政策环境，以广西龙脊为例，研究发现广西乡村旅游资源开发需要以企业为主体，通过市场竞争和政策支持来驱动旅游产业跨越式发展，其中市场创新能力是广西旅游资源开发的关键，市场创新能力通过领军企业驱动与市场环境等子系统的循环往复来推动广西民族旅游资源的全领域发展[1]。结合旅游景区景点、特色小镇、特色街区、主题乡村、旅游集散地等，建设一批大型文旅综合体、游乐场、主题酒店、文化商业广场等文化休闲设施，发展影视、演艺、茶艺、养生等休闲娱乐业态。

7.1.5 旅游目的地整体形象方面应采取的对策

通过调研了解到，在评价旅游目的地整体形象时，游客的感知质量分比较低，仅有4.73分，足以体现广西旅游形象并没有得到游客的认同，总体评价不高。广西在发展旅游过程中设定了"秀甲天下　壮美广西"的主题，努力提升旅游目的地的影响力，但从目前情况看并没有取得明显成效。对旅游目的地管理者而言，游客体验与目的地形象紧密相关，旅游目的地希望以打造并推出品牌的形式展现魅力，却未必能实现预期目标。而且，旅游者在

---

[1] 孙雨芹，张睿.民族地区乡村旅游产业跨越动力及机制仿真研究——基于广西龙脊的实证证据[J].旅游科学，2023，37（6）：83-106.

做出购买决策时，目的地的感知形象能对其产生重要影响[①]。这就要求旅游目的地管理者首先要明确广西给外地游客留下了怎样的印象，分析游客的感知形象与自己在树立品牌形象方面设定的目标是否一致，对品牌形象做出合理定位。广西旅游市场的管理开发者，应关注和提升当地旅游的品牌影响力和软实力。在原有"秀甲天下壮美广西"品牌形象基础上，进一步深挖广西地区的非遗资源，精准开发旅游项目，多渠道宣传和推广相关的旅游主题项目。同时，加大品牌保护力度，做好商标、专利等知识产权保护，呵护好壮乡文化和旅游口碑、形象和价值。

在营销宣传方面要投入更多精力，形成品牌优势。在当代社会，被动售卖的观念早已过时，广西在推进全域旅游发展过程中一定要以合理的手段进行营销宣传，集中精力培育优秀品牌。如前文所述，游客的感知价值、满意度、预期质量等都会受到品牌形象的影响，在全域旅游营销体系构建过程中，要创新宣传推广方式，形成从省到县市统一认识的完善体系[②]。旅游市场开发和营销需要多方参与，不仅需要政府完善法治及市场法规调整，也需要部门协同服务于企业主体的市场化行为，以及游客和媒体的广泛支持，从而形成多位一体的旅游资源开发及推广体系。此外，广西旅游管理部门需要利用信息化、大数据等手段，整合传统媒体渠道和新媒体渠道，强化线上线下营销合作，建立立体化的营销推广模式，实施旅游精准营销。市场主体应充分利用传统主流媒体和新媒体的市场优势，积极传播广西地区的特色旅游项目，同时扩大与海内外主流媒体的合作，用好国际社交媒体平台，持续打造广西文化和旅游热点。广西利用传统节庆和国际展会平台全面开展文化和旅游营销推广。在强化旅游品牌宣传力度的同时，积极拓宽旅游客源渠道，稳固本地市场，深入挖掘广东市场潜力，并着力开发西南、中南、长三角、京津冀、东北等关键客源市场，不断扩大/提升国内旅游市场份额。同时，以港澳台地区为战略起点，以东盟国家为中心，通过深入开发共建"一带一

[①] 李天元.旅游目的地定位研究中的几个理论问题[J].旅游科学，2007，21（4）：1-7.
[②] 王帅辉，耿松涛.全域旅游营销策略与品牌策略规划[J].价格月刊，2018（3）：57-60.

路"国家和地区的旅游市场，主动挖掘广西旅游的潜力，实现国内外市场双管齐下，推动旅游市场的良性循环和全面发展。

7.2 旅游目的地管理者在保健因素方面应采取的对策

广西在发展旅游业过程中，历史、地理、环境等都是重要的影响因素，各个地区在这些方面存在显著差异，有些地区的旅游业实现了快速且良好的发展，而有些地区的发展则不尽如人意。在全域旅游发展时期，自治区旅游主管部门要从顶层进行规划设计，在全区内对旅游资源进行普查，根据各个地区的具体情况设定旅游功能区，依据各地区资源与环境特点，利用好适合旅游发展的条件，选择合适的旅游产品，运用科学的模式进行开发，促进旅游业在整个自治区的协调发展。在本研究中，对广西的部分游客进行调查，发现游客对广西旅游的多个方面均表示不满，尤其是服务、购物、住宿、交通、氛围这几方面。King（1970）对保健与激励两大影响因素进行了合理区分，在其理论成果的支持下，把上述几个要素全部归类为保健因素。针对这些因素的现状，向广西旅游目的地管理者提出如下建议。

7.2.1 住宿方面应采取的对策

在本次调研中了解到，来到广西旅游的游客，对住宿感知质量的得分只有4.80分，足以体现出其并不满意旅游目的地的住宿服务，给出了较低的评价。通过游客填写的问卷，结合访谈中了解到的情况，发现游客在住宿方面最注重的是有较高的舒适度，同时，对服务水平、住宿价格、卫生、硬件设施、安全性等也有较高要求。住宿属于典型的保健因素，却没有得到游客的认同，在导致游客"不满意"的因素中占比较大，这就向旅游目的地管理者提出要求，要从住宿方面消除游客的不满意程度。在旅游业发展过程中，住宿是一个重点要素,当前"以人为本"理念逐渐深入人心,要求所有住宿管理者把舒适的客房提供给游客。所以,管理者要从顶层规划引领旅游住宿业的发展,把产品舒适性当成关注重点,在配套设施建设方面也要争取实现突破。

在大力发展全域旅游的背景下,自治区不仅要提供充足和舒适的住宿条件,而且可以结合本地旅游特点和旅游住宿发展实际情况,开发高端旅游民宿项目,如将高端酒店、主题民宿及民族节庆等系统整合起来,从而提升休闲度假、会议会展等服务水平。如以广西"山水主题酒店"为例,大力发展少数民族文化、山水文化、生态文化、长寿文化、海洋文化等旅游主题项目,推动旅游酒店绿色化、智慧化发展,推进现有星级旅游酒店提档升级。积极引进国际知名品牌连锁酒店及管理公司,提高酒店业经营管理水平,同时培育一批汽车营地、旅居车营地、帐篷酒店等个性化住宿业态。

7.2.2 交通方面应采取的对策

本次调研,游客的交通感知质量相对偏高,即 5.54 分,这意味着游客对广西旅游目的地的交通服务总体较为满意。结合对游客在交通方面需求的了解,旅游目的地管理者需要在交通管理方面下功夫,增强自治区内外交通便利性,也要整顿出租车市场乱象,加强安全管理,设置形象、准确、明晰的指示牌。所以,旅游目的地管理者要围绕上述几方面采取有效的管理措施,结合当前广西整体建设情况,在交通管理方面制定稳定性与延续性都比较强的政策。一方面,广西相关部门应构建"快进""内畅""慢游"等现代交通网络体系。以南宁和桂林为交通核心,推进南宁吴圩和桂林两江的机场国际化改造,提升中外游客的旅途满意度。同时,针对北上广深等经济发达地区的游客出行需求,积极增加旅游专列和航空旅游线路的开行,以提升广西旅游市场开发的效果。在国际旅游市场拓展上,聚焦东南亚旅游市场,加强市场推广和旅游项目的合作。推动国家 5A 级旅游景区及国家级旅游度假区的县域实现高速公路通达，国家 4A 级旅游景区和自治区级旅游度假区实现二级及以上公路的覆盖。规划并建设桂林至阳朔等旅游轨道交通专线，同时在高铁站增设国家全域旅游示范区旅游专线服务。加快北海国际邮轮母港、防城港邮轮港以及北部湾、西江流域重要河段的旅游码头建设和升级完善。另一方面，提高旅游交通服务水平。依托现有的广西交通网络体系，开发广西专门的旅游交通专线，提高景区交通的识别度，从而降低游客的出行交通成本，增强游客的广西旅途满意度。同时，拓展"广西汽车露营圈"，将广西旅游推广到东南亚市场，如以滇桂粤边海国家风景道和环广西国家风景道为重点，开发汽车旅馆及自驾游相关交通场地，满足游客多样化的交通需求。

7.2.3　购物方面应采取的对策

在调研中了解到，游客在广西旅游时，购物感知质量较低，只有 4.90 分，足以体现出广西旅游目的地并没有为游客提供良好的购物服务，最根本的原因就是当前广西旅游商品与纪念品市场并没有特色鲜明、品质卓越的产品。与其他省份旅游商品市场相比，广西旅游商品在产品价格方面也比较高，而且普遍存在着宰客、欺客等问题。这种情况应该引起广西旅游目的地管理者的重视，要利用好广西拥有的丰富的民间工艺品资源，鼓励加工制造企业推陈出新，在开发旅游纪念品及其他商品时要体现出本地特色，融入时代元素与文化元素。推进特色文化旅游商品开发，大力开发体现广西传统工艺、民族文化特色的工艺美术品、风味土特产、旅游纪念品、特色日用品、长寿养生食品、红色文化商品等"广西有礼"文旅精品项目，推广"广西老字号""广西桂字号"等特色广西旅游品牌。以广西文化元素为主题，创新开发生活用品类、工艺美术类、广告书籍类等系列文创商品，培育集文化创意产品设计、展示于一体的文创园、文创街区、文创集市等。广西地区非遗资源丰富多样，是旅游市场开发的重要对象，为此，广西旅游市场主体需要开发以民族风情等非遗资源为核心的精品旅游项目，围绕着项目开发及市场管理，发展一批特色文创旅游开发单位。具体来说，重点扶持螺蛳粉、坭兴陶、壮锦、刺绣、铜鼓等商品生产企业做大做强，促进旅游商品生产市场化、产业化、品牌化。依托旅游商品互联网电子商务平台，拓宽线上线下销售渠道。同时，旅游、工商、质监等部门要在执法过程中形成合力，严厉打击所有不法经营行为，引领旅游市场实现规范化发展。与此同时，也要根据本研究对游客购物需求的了解，凸显纪念品特色、增强定价合理性、提升商品质量、丰富时尚品牌种类，同时也要打造特色购物街区，向游客推出一应俱全的旅游纪念品。

7.2.4 氛围方面应采取的对策

在调研中了解到，游客对广西旅游目的地的氛围营造较为满意，相应的评分为 5.05 分。调查中还请游客在这方面提出建议和诉求，结合调查结果向旅游目的地管理者提出要求，要为营造良好的环境付出努力，要从社会治安、本地居民热情好客、行为举止、旅游市场秩序等方面入手营造良好的旅游氛围。最为关键的一点就是要对当地居民进行引导，使其形成强烈的好客精神。在游客感知质量方面，居民好客精神是关键的影响因素，在管理中如果能让所有居民热情好客，就能得到游客的认同。在旅游目的地管理中，培育当地居民的好客精神是重要的基础工作，旅游目的地管理者要做好如下几点：一是在扩大旅游产业规模过程中，要不断改善当地居民的生活质量，使当地居民能通过旅游业的发展获得收益，实现收入增加；二要解决过度商品化的问题，增强收益的稳定性与长远性，对旅游业的良性发展起到引领作用；三要开展游客与当地居民接触前的教育活动，将游客与当地居民作为教育对象，体现出教育的广泛性与有效性；四要传承优秀的本土传统文化，强化当地居民的归属感；五要改善社会环境，做到诚实守信，实现良性竞争[①]。在当代旅游业发展过程中，大数据等前沿信息技术的运用率日渐提高，给整个行业的管理带来了有利条件，促进了服务能力的提升。广西在运用信息技术方面并没有取得优异成绩，明显落后于其他地区，要奋起直追，利用好现代化信息技术，让旅游管理不再是政府部门的责任，扩大社会参与面，让当地居民能与旅游从业者一同为游客提供良好服务，从总体上提升全域旅游服务与管理水平。

7.2.5 旅游相关服务方面应采取的对策

通过调研了解到，游客对旅游服务感知质量总体比较满意，这方面的评分为 5.48 分，同时也调查了游客对广西旅游目的地服务的期待。旅游目的地管理者在稳固现有服务优势的前提下从多个方面入手提升服务质量，包括导游、旅行社、银行、通信等，让广大游客便捷地享受高水平的旅游服务。在日常管理中，要经常组织导游人员培训活动，因为导游与游客接触机会多，导游除了是旅行社的形象代言人，也是旅游目的地总体服务水平的象征，其言行举止都代表着旅游目的地的服务档次。所以，在旅游目的地管理中，需要适时组织导游人员参加资质认定，也可以通过年审等方式敦促导游持续进行自我学习，不断提升综合素质。要在市场监管方面投入更多的精力，加大对无证导游情况的惩罚力度，杜绝此类行为的发生。在旅游市场营销方面，管理者要为激励机制效能的发挥提供更多资源，用少量资源换取良好的营销效果。在全域旅游时代，各级政府要牢固树立环保观念，对本地居民进行环保宣传，让"两山"理论在实践中体现出价值，对整个自治区的生态环境进行有效保护，在发展全域旅游的过程中守住生态红线。旅游业在发展中，出现问题、遭到游客投诉是正常现象。为全域旅游的发展建立良好的

[①] 李天元，向招明. 目的地旅游产品中的好客精神及其培育 [J]. 华侨大学学报（哲学社会科学版），2006，（4）：66-72.

投诉与处理机制,为游客投诉及反映意见拓宽渠道,使游客到广西旅游时能以合理的方式投诉,而且相关部门要及时对游客投诉予以回应,给出满意的答复,及时消除游客的不满情绪,把所有问题消弭于无形之中,提高游客满意度。

第 8 章 研究结论和展望

本研究在推进中,围绕广西旅游目的地游客满意度与体验真实性之间的关系展开实证分析,为其他学者细致而深入地研究游客满意度带来了新视角。本章梳理了本研究的结论,以实证分析结果为依据对开发旅游产品、提高营销管理有效性提出合理建议,总结研究贡献。同时也指明了本研究存在的欠缺之处,为下一阶段取得更优异的研究成果做好准备。

8.1 研究结论

在整个旅游研究领域,广西旅游是研究焦点,在衡量游客满意度方面,真实性成为重要的衡量尺度,但当前在这方面的研究却有诸多不足。本研究不仅对国内外文献资料进行阅读与梳理,也组织了深度访谈,把体验真实性、感知价值、满意度设定为变量,从理论层面入手进行分析,实施大样本统计,运用多样化的方法进行实证分析,运用先进的数据统计软件,以定性和定量两种方式进行分析,在深度访谈过程中做好记录,并对问卷数据进行整理,运用多种方式对 3 个变量之间的关系进行分析与检验,并对每个变量的各个维度进行细致分析。从得出的结果看,理论与数据两种模型具有良好的拟合度,这意味着本研究中构建了合理的理论模型。以理论分析为基础进行实证分析,得出了如下几个方面的研究结论。

1. 游客体验真实性与感知价值的关系

经实证分析,进一步了解到游客体验真实性的每一个维度都会影响感知价值,但每个维度造成的影响是不同的。游客体验真实性也会对感知价值的 3 个维度产生正向影响,达到了显著性水平检验的要求。建构真实性与社会价值之间存在着负向关系，但未通过显著性检验，建构真实性对功能和情感两种价值的影响通过了显著性检验，存在真实性对感知价值3个维度都产生了正向影响且显著。

2. 游客体验真实性与满意度的关系

经实证分析，发现游客满意度会受到体验真实性3个维度的影响，但影响程度是有差别的，满意度会受到存在与客观两种真实性的正向影响，且影响显著；尽管满意度也会受到建构真实性的影响，但影响程度不高，这意味着即使能让游客对景区产生似曾相识之感，也不会让游客感到满意，因为在游客眼里这些都是虚假的东西。可见，要想促进游客满意度的提升，需要通过提升存在真实性和客观真实性来实现。

3. 游客感知价值与满意度的关系

经实证分析，发现游客满意度会受到感知价值每一个维度的影响，但社会价值对其产生的影响未达到显著性检验要求（p=0.11），分析原因，填写问卷的游客基本是散客，并没有与其他游客有过多的接触，或是游客在广西旅游目的地的停留时间并不长，与其他游客的交往层次不深，没有给其他游客留下深刻印象。可见，游客满意度不会因为社会价值的提升而增强。情感价值能正向影响满意度，这种影响较为显著（p<0.05），当游客形成了较高的情感价值，就能在旅游过程中感受到快乐，给出较高的满意度评价。功能价值能正向影响到满意度，这种影响较为显著（p<0.001），这意味着游客如果形成了较高的感知功能价值，在广西旅游的过程中就能有更多的收益，提高满意度。作为广西旅游目的地的管理者，要充分意识到游客行为意愿会在满意度的驱动下形成，要致力于提升服务水平，赢得更多游客的满意，使游客能做出更多的积极行为。

4. 涉入度产生的调节效应

在本研究中，把涉入度设定为调节变量，检验其在感知价值影响满意度的过程中能否起到调节作用。对游客在广西旅游目的地的停留时间、收入、职业这几个变量进行控制的前提下，发现游客情感和功能两种价值影响满意度的过程中，涉入度能起到积极调节的作用，这意味着游客涉入度越高，情感与功能两种价值就越能显著影响游客满意度。

8.2 研究贡献与管理启示

8.2.1 研究贡献

在本研究中，笔者深入广西旅游目的地，对游客及相关人员进行调查，运用获取的数据资料进行分析，立足于游客体验真实性，分析在广西旅游发展过程中3个变量之间存在怎样的关系，意在指明游客满意度的影响因素，从如下几方面促进现有理论体系的完善，为民族旅游研究的发展贡献力量。

1. 开发了更符合广西旅游情境的游客体验真实性测量量表

多年以来，游客体验真实性是学界的研究重点，前人在研究中开发了各种量表，但Kolar（2010）等在研究中运用的量表并没有较强的适用性，只是局限于历史街区与文化遗产旅游目的地。广西旅游业在发展中，有形与无形旅游资源紧密地整合在一起，特别是在快速发展的当下，广西旅游的形式与内容都发生了明显改变。民族文化与风俗随时间发生了改变，其真实性就可以被否定吗？在以物质旅游资源为载体的类似于文化遗产旅游目的地的旅游体验中，不可能出现这样的问题，因为物质性只要能保证外貌不变，游客就能感受到这就应该是真实的样子，外在结构保持不变就是真实。因此，对广西旅游游客体验真实性进行分析时，不能机械地运用其他学者编制的量表。本研究在深度访谈的基础上编制量表，涉及3个维度，题目数量为12个，并运用一系列软件对量表进行了信效度检验，对量表的科学性与有效性予以肯定，继而将其运用于研究中。

2. 构建了"真实性—感知价值—满意度"的理论模型

既往学者着重对"真实性"与"满意度"进行分析与探究，但关于旅游体验是怎样转变为满意度的理解较为模糊，究竟在哪些因素的影响下两者建立了联系，这些因素被既往学者忽略。本研究以企业领域的研究为参照，将顾客感知价值这一概念运用于本研究中，注重游客的"自我构建"，即游客在旅游体验中产生的主观因素，从这一视角出发进行分析。在研究中，同时运用了定性与定量两种方法，检验假设模型的合理性，定量研究能提供翔实数据，也能克服定性研究引发的单一化的问题。所以，在分析3个变量之间的关系时，同时把定性与定量两种方法整合到一起，对每个变量的构成维度进行细致分析，探明各个变量是沿着怎样的路径对游客满意度造成影响的。实证分析发现，本研究设定的3个变量之间存在着紧密联系，而且较为显著。本研究得出的结论不仅能为后续学者在同一领域的研究中起到方法指导作用，也能产生文献借鉴意义。

3. 引入了"涉入度"的调节效应

参照其他学者对感知价值与满意度关系的研究，把"涉入度"当成重要的调节变量引入理论模型中，分析感知价值与满意度之间的关系，以及感知价值的3个维度对满意度的影响情况。同时，实证检验了涉入度能否产生调节作用。

8.2.2 管理启示

广西旅游要想实现发展，前提就是要促进游客感知价值的提升。影响游客体验真实性的因素众多，且这些因素以间接的方式作用于游客满意度。对游客体验真实性进行研究，最大的价值就是指导旅游企业精准地识别游客需求，为提高游客体验真实性提出合理建议，由此促进满意度的提高。本研究得出的结论，将对广西旅游目的地管理者起到指导作用，帮助他们找到能促进旅游可持续发展的有效路径。

1. 认识并重视游客体验真实性对广西旅游发展的重要作用

本研究设定的3个变量之间存在着紧密联系，感知价值与满意度都会因为体验真实性的改变而发生变化，在旅游目的地的发展中，满意度产生的影响是不可低估的。广西旅游在发展中，最能吸引游客的就是民俗风情的展示，这与游客的生活存在显著不同。广西旅游在发展中，民族文化商品化是一个绕不开的问题，在对这一问题进行分析时，要重点关注游客与少数民族文化之间的互动。广西旅游具有特殊性，民俗风情是吸引大量游客的焦点，能为旅游企业创造较高的经济效益，是一种有价值的旅游资源（廖军华，2015）。特别是当代人追求体验经济，休闲需求被释放，游客不可能被动地接受旅游产品与目的地，游客在旅游业发展的过程中成为主动参与者，更是广西旅游的创造者。因此，要对民族旅游游客进行深入分析，把握住其特征与需求，这是民族旅游发展的重要支撑。

在本研究中，游客体验真实性是一项主要内容，也是本研究的切入点，分析其与感知价值、满意度之间的联系，有助于促进民族地区旅游事业的发展。要想让游客积极地对旅游目的地进行口碑宣传，前提就是要让其意识到自己在旅游目的地了解到的民族文化是"真的"。所以，在旅游体验中最重要的一项内容就是真实性，在广西旅游开发过程中，需要加大对游客的引领、宣传、教育，使之对民族文化产生向往，愿意主动接近民族文化，对民族文化的演进与发展予以包容，形成良好的旅游心态，提高对广西旅游的忠诚度。

在当代社会，大量外部文化涌入广西，这必定会对文化真实性造成冲击，真实性不只是要让游客对商品产生了解、建立认知，还要让游客在旅游过程中感受到商品的价值。当然，游客到广西旅游能否产生真实性的感知，与其自身的文化素养、对旅游地的态度、理解能力等有关，也会受到旅游地居民的热情度、生活习惯、特色风情等的影响，这意味着到广西旅游的游客在真实性方面的认知有着显著不同。把真实性运用于旅游研究中，不只是要对旅游动机进行分析，还应拓展到多方面的内容，包括旅游媒介、满意度等，是该领域中的主要研究内容。对于当代游客而言，获取旅游目的地的信息是轻而易举的，可以通过多种渠道实现，但不同的渠道展现信息的方式有所不同。例如，身边人的旅游经历分享因其可信度较高成为重要信息源；微信通过文字、图片、视频等媒介传递旅游信息，这种多维度传播方式使游客产生差异化体验,进而影响游客对旅游真实性的判断。广西旅游真实性成为吸引游客的根本原因,本研究围绕这一核心进行研究,理论与现实意义都比较高。

2. 旅游目的地应全方位、多渠道提升游客感知价值

在散客时代,游客在选择旅游目的地的过程中表现得越来越理性,产生了多样化、个性化的旅游需求,向旅游产品提出的要求越来越高,不再青睐观光旅游,喜欢选择体验性旅游。广西旅游产品众多,但只有能展现出民族特色的旅游产品才能给游客留下深刻印象,这引起了学界与实务界的关注。本研究在对游客体验真实性与满意度之间的关系进行研究时,把感知价值当成中介变量,这一中介变量会对满意度造成影响,在旅游过程中游客会结合感知到的利益分析自己的付出是否值得,从总体上对旅游产品做出评价,形成了感知价值(沈涵,2011)。可见,旅游产品究竟是否有市场,最重要的检验标准就是游客感知价值,如果旅游产品不能在情感、社会、功能3方面为游客创造更高的价值,难以激发游客的情感共鸣,注定是失败的。因此,在广西旅游发展的过程中,要从多个方面入手、同时采用多样化的方式帮助游客在旅游活动中建立真实性认知,打造出与民族专区文化演变相符的真实性,使游客能产生更高的感知价值。当代社会发展速度较快,人们进一步意识到过去的生活体验是稳固的、美好的,对广西旅游产生了兴趣,产生了猎奇心理,旅游目的地管理者为此挖掘广西旅游资源。可见,在对广西旅游能否实现可持续发展进行判断时,感知价值是一项重要标准,这方面的研究意义重大。

3. 广西旅游市场细分与旅游产品开发

在本研究中,笔者把游客的职业、学历、年龄、在广西旅游目的地的停留时间等设定为控制变量,深入分析游客的感知价值与满意度是否会因为这些变量的不同而有差异并得到了相应的结论。进一步细分广西旅游市场,基本人口特征是重要的细分标准,在不同的细分市场,游客对广西旅游的真实性诉求是有差异的,感知价值也不相同,由此产生不同的满意度。与此同时,要深入分析哪些原因会导致游客的旅游体验真实性感知发生变化,对不

同类型的游客进行分析，意在把握不同群体在广西旅游真实性方面的区别，并找到出现差异的原因，目的是要找到能提升游客满意度的策略。要根据各个细分市场的特征，有针对性地为游客提供产品，满足其需求。所以，民族旅游目的地管理者要在保证民族真实性的前提下，把合适的旅游产品与服务推向不同的细分市场，也要以多样化的方式进行宣传，使游客能获得更高的感知价值。

8.3 研究局限与未来展望

8.3.1 研究的局限性

在本研究中，对大量国内外学者撰写的文献资料进行研读，进一步明确应该从哪方面入手进行研究，对比各种研究方法的优劣，最终得出结论。尽管论文结构完整、语言规范、数据可靠，但也得出了真实的结论。但由于本人视野不够开阔、水平有限，在多个方面都有不足，未能实现毫无瑕疵。具体不足如下。

1. 样本选择覆盖面窄

在本研究中，以问卷填写的方式收集数据，但这些数据的来源具有地域局限性，加之调研方法有不足，导致课题研究不能得出合理充分的结论。在调查数据时，笔者及其他合作伙伴先后多次深入广西民族地区组织访谈与调研活动，历时两个月，尽管样本数量符合实证分析需求，但所有样本的来源都有局限性，并没有从更广范围内搜集样本，这意味着本研究得出的结论未必有良好的普适性。与此同时，受到其他资源的限制，只能以随机的方式请游客填写问卷，得到的数据有可能不符合实际情况。

2. 缺乏动态的广西旅游跟踪研究

Butler（1980）对旅游地生命周期理论做出解释，当旅游目的地处于不同的发展时期，体现出的特征是有所不同的，游客也产生了不同的态度与行为。在本研究过程中，所有样本数据都是在两个月之内搜集的，只是横截面数据，没有进行追踪调查，难以对广西旅游业的发展进行动态而持续的描述，也没有对广西旅游目的地在不同的发展时期游客体现出怎样的特征进行对比，忽略了游客旅游真实性在不同时间段的区别，在对广西旅游真实性感知进行研究时，没有对纵向变化进行分析，没有对游前与游后广大游客行为的差异进行对比，在对广西旅游生命周期划分方面是有欠缺的，没有以此为据把游客划分为不同的类型。

3. 田野调查不够深入广泛

在人类学领域的研究中，田野调查是一种古老的方法，在旅游领域的研究中也得到了广泛运用，需要保证研究过程的科学性与严谨性。由于本研究经费及其他条件均存在不足，在田野调查方面没有深入开展，所有研究与讨论都是建立在样本数据描述与分析的基础上，没有从更深层次挖掘数据，研究结论也会受到影响。

4. 对广西旅游游客体验真实性的前导变量未进行相关研究

在研究中设定了3个变量，并对彼此之间的关系进行了细致分析，但游客体验真实性是哪些因素导致的，本研究并没有深入进行分析，因为除了产品与服务自身具有的真实性以外，游客个人特征、文化素养、兴趣偏好等主观因素都会对此产生影响。与此同时，除了体验真实性、感知价值以外，广西旅游游客满意度还会受到其他因素的影响，包括游客的期望、个人情绪、与当地居民的交往等，怎样摆脱这些因素的干扰，本研究并没有细致地做出解释。可见，广西旅游研究还要深入开展，可谓任重道远，不可能在短暂的时间或是靠一篇论文就能得出正确的结论，也不能凭借一次课题研究解决现有问题，许多理论与实践方面的问题都要进行细致分析。

本研究对3个变量之间的关系展开了细致分析，也进行了实证检验，尽管有欠缺、有不足，但为日后的研究与学习指明了方向，也为实证分析的进一步推进奠定了理论基础，为旅游目的地管理者做出决策和开展市场营销活动提供了有益的指导，这是本研究价值的体现。由于本研究在对游客体验真实性进行研究时，忽略了前导变量的重要性，下一阶段需要锻炼自己对问题的洞见力、观察力，持续跟进目前存在的问题，加深了解，全面分析，让广西游客体验真实性方面的研究更加充实、丰富，争取制定合理的发展政策、有效的营销策略。

8.3.2 未来研究展望

游客体验真实性是当前国内外学者研究的重点，依托于本研究得出的结论，结合上述介绍的研究不足，下一阶段的研究要不断深入，重点从如下几方面加以改进。

1. 开展横向的对比研究

广西旅游本身具有较强的特殊性，在这方面的研究中要从更广的范围内选择样本，要从自治区以外选择更多有代表性的旅游目的地，包括宁夏、云南等，扩大样本选择范围，拓宽实证分析覆盖面，只有对多个地区进行对比与分析，才能得到更加合理的结论。与此同时，也要把旅游目的地居民当成研究重点，本研究选择的旅游目的地为多民族集聚地，在下一阶段的研究中要从横向对多个地区进行对比与分析，争取得到可靠结论。

2. 对广西旅游进行跟踪研究

本研究抓住广西旅游旺季，即每年7、8月份，在这一时间段内组织问卷填写活动，并没有在更多时间段进行调研，在下一阶段的研究中，应该在旅游目的地生命周期理论的指导下，在不同时间段组织调研活动，收集更为翔实的数据，从萌芽、发展、成熟这几个时期对游客体验真实性与满意度进行纵向对比分析，以跟踪的方式进行研究，探明3个变量之间的影响机理。

3. 提升采集数据对象的多样性

本研究只是从国内游客中选择了研究样本，在下一步的研究中要扩大样本范围，把国外游客纳入样本选择范围中，分析国内外游客在3个变量之间的关系上是否有差异，也可以通过跨文化的方式对比广西旅游真实性与满意度有怎样的差异，分析文化背景对3个变量的影响。

4. 丰富影响广西旅游发展的研究变量

广西旅游在发展中，真实性只是一个影响因素，还会受到产品全面性、服务质量、游客个人特质、旅游期望、当地居民表现等因素的影响，在下一阶段对广西旅游进行研究时，要设定多个研究变量。

参考文献

[1] 吴蓉,易小力,郑天翔.经济型连锁酒店网站内容交付性评价研究——基于 Group AHP 和 Extended TOPSIS 方法[J].旅游科学,2017,31(4):32-48.

[2] 陈享尔,蔡建明.旅游客体真实性与主体真实性集合式关系探讨——以文化遗产故宫为例[J].人文地理,2012,27(4):153-160.

[3] 廖仁静,李倩,张捷,等.都市历史街区真实性的游憩者感知研究——以南京夫子庙为例[J].旅游学刊,2009,24(1):55-60.

[4] 靳书芳,王淑华.近十年我国游客满意度研究述评[J].周口师范学院学报,2010,27(6):127-130.

[5] 李永乐,陈远生,张雷.基于游客感知与偏好的文化遗产旅游发展研究——以平遥古城为例[J].改革与战略,2007(12):123-126.

[6] 余意峰,保继刚,丁培毅.基于旅游经历的目的地吸引力感知差异研究[J].旅游学刊,2010,25(5):51-55.

[7] 仇梦嫄,王芳,沙润,等.游客对旅游景区声景观属性的感知和满意度研究——以南京夫子庙—秦淮风光带为例[J].旅游学刊,2013,28(1):54-61.

[8] 孙洁,姚娟,陈理军.游客花卉旅游感知价值与游客满意度、忠诚度关系研究——以新疆霍城县薰衣草旅游为例[J].干旱区资源与环境,2014,28(12):203-208.

[9] 陈素平,谭梅兰.基于网络文本分析的康养旅游目的地形象感知探析[J].广西经济管理干部学院学报,2019(2):83-91.

[10] 路璐,刘春玲,刘琳.滑雪游客感知价值、满意度与行为意向的关系:以崇礼密苑云顶滑雪场为例[J].干旱区资源与环境,2018,32(5):

202-208.

[11] 王钦安，张丽惠，王珊. 安徽省红色旅游游客感知—满意度—行为意向分析 [J]. 南宁师范大学学报（自然科学版），2019，36（4）：102-109.

[12] 陈刚. 多民族地区旅游发展对当地族群关系的影响——以川滇泸沽湖地区为例 [J]. 旅游学刊，2012，27（5）：94-102.

[13] 李菲. 以"藏银"之名：民族旅游语境下的物质、消费与认同 [J]. 旅游学刊，2018，33（1）：74-85.

[14] 潘盛之. 从"波波糖"名源说开去 [J]. 贵州文史天地，1999（3）：60-63.

[15] 马晓京. 西部地区民族旅游开发与民族文化保护 [J]. 旅游学刊，2000（5）：50-54.

[16] 刘晖. 韩日"观光立国"策略对东北旅游开发的启示——以辽宁省沈阳市为例 [J]. 商场现代化，2006（7）：239.

[17] 王静. 民族旅游与民族文化的变迁 [J]. 学术探索，2004（7）：48-51.

[18] 李旭东. 文化旅游与民族旅游：一种理论概观 [J]. 桂林旅游高等专科学校学报，2006（5）：513-515.

[19] 科恩. 旅游社会学纵论 [M]. 天津：南开大学出版社，2007.

[20] 刁宗广. 旅游开发中"非遗"文化的创意性和真实性 [J]. 社会科学家，2015（2）：85-88.

[21] 肖琼. 旅游业与民族区域经济良性互动关系的实证研究——以四川阿坝州、云南丽江市旅游业发展为例 [J]. 黑龙江民族丛刊，2009（6）：80-83.

[22] 李乐京. 民族村寨旅游开发中的利益冲突及协调机制研究 [J]. 生态经济，2013（11）：95-98+122.

[23] 陈昕. 旅游地相关利益主体间的博弈分析 [J]. 学术探索，2013（1）：84-89.

[24] 黄亮，陆林，丁雨莲. 少数民族村寨的旅游发展模式研究——以西双版纳傣族园为例 [J]. 旅游学刊，2006（5）：53-56.

[25] 任冠文. 论民族文化旅游资源的开发与保护 [J]. 广西民族研究, 2006（1）: 177-181.

[26] 崔广彬, 郑岩. 辽宁省满族民俗文化旅游开发研究 [J]. 满族研究, 2007（1）: 31-38.

[27] 余青, 吴必虎. 生态博物馆: 一种民族文化持续旅游发展模式 [J]. 人文地理, 2001（6）: 40-43.

[28] 丁健, 彭华. 民族旅游开发的影响因素分析 [J]. 经济地理, 2002（1）: 101-105.

[29] 麻学锋, 龙茂兴. 欠发达民族地区旅游发展模式研究——以湖南凤凰县为例 [J]. 商业研究, 2006（14）: 179-181.

[30] 何景明. 边远贫困地区民族村寨旅游发展的省思——以贵州西江千户苗寨为中心的考察 [J]. 旅游学刊, 2010, 25（2）: 59-65.

[31] 王林. "发髻"与地方形象: 民族旅游地的文化符号建构分析——以广西黄洛瑶寨和贵州岜沙苗寨为例 [J]. 旅游学刊, 2016, 31（5）: 64-71.

[32] 陈刚, 白廷斌. 川滇泸沽湖地区民族文化旅游商品市场调查——以工商人类学为视角 [J]. 黑龙江民族丛刊, 2012（3）: 55-60.

[33] 江晓云. 少数民族村寨生态旅游开发研究——以临桂东宅江瑶寨为例 [J]. 经济地理, 2004（4）: 564-567.

[34] 罗永常. 民族村寨社区参与旅游开发的利益保障机制 [J]. 旅游学刊, 2006（10）: 45-48.

[35] 刘旺, 孙璐, 吴明星. 少数民族村寨旅游开发中的"公地悲剧"及其对策研究——以丹巴县甲居藏寨为例 [J]. 开发研究, 2008（1）: 125-129.

[36] 罗敏. 民族村寨旅游者重游行为影响因素研究 [J]. 旅游论坛, 2014, 7（3）: 21-24+31.

[37] 刘静艳, 李玲. 公平感知视角下居民支持旅游可持续发展的影响因素分析——以喀纳斯图瓦村落为例 [J]. 旅游科学, 2016, 30（4）: 1-13.

[38] 阮仪三, 林林. 文化遗产保护的原真性原则 [J]. 同济大学学报（社会科

学版），2003（2）：1-5.

[39] 曹娟. 谈原真性（authenticity）[J]. 中国科技术语，2007（1）：47-48.

[40] 徐嵩龄. 遗产原真性·旅游者价值观偏好·遗产旅游原真性 [J]. 旅游学刊，2008（4）：35-42.

[41] 杜岫石. 论真实性和正确性的关系 [J]. 吉林大学人文科学学报，1959（3）：47-59.

[42] 吴晓隽. 文化遗产旅游的真实性困境研究 [J]. 思想战线，2004（2）：82-87.

[43] 张朝枝. 原真性理解：旅游与遗产保护视角的演变与差异 [J]. 旅游科学，2008（1）：1-8+28.

[44] 王景慧."真实性"和"原真性"[J]. 城市规划，2009，33（11）：87.

[45] 魏雷，钱俊希，朱竑. 谁的真实性？——泸沽湖的旅游凝视与本土认同 [J]. 旅游学刊，2015，30（8）：66-76.

[46] 王宁. 从"同景同感"到"同景异感"：一个"分层对应论"的分析框架 [J]. 旅游学刊，2019，34（9）：1-3.

[47] 易小力，敬露瑶，郑春晖. 感知原真性对游客情感形成的影响机制研究——以开平碉楼为例 [J]. 旅游科学，2024（4）：1-20.

[48] 林涛，胡佳凌. 工业遗产原真性游客感知的调查研究：上海案例 [J]. 人文地理，2013，28（4）：114-119.

[49] 闫红霞. 遗产旅游"原真性"体验的路径构建 [J]. 河南社会科学，2013，21（10）：55-57.

[50] 张涛，刁宗广，刘力. 参与体验式旅游产品开发研究——以合肥市为例 [J]. 皖西学院学报，2008（2）：109-111.

[51] 白长虹. 西方的顾客价值研究及其实践启示 [J]. 南开管理评论，2001（2）：51-55.

[52] 孟庆良，韩玉启，吴正刚. 基于平衡计分卡的 CRM 有效性评价模型研究 [J]. 管理工程学报，2006（4）：46-50.

[53] 黄颖华，黄福才. 旅游者感知价值模型、测度与实证研究 [J]. 旅游学刊，2007（8）：42-47.

[54] 李文兵，张宏梅. 古村落游客感知价值概念模型与实证研究——以张谷英村为例 [J]. 旅游科学，2010，24（2）：55-63.

[55] 郭安禧，郭英之，李海军，等. 旅游者感知价值对重游意向影响的实证研究——旅游者满意和风险可能性的作用 [J]. 旅游学刊，2018，33（1）：63-73.

[56] 周玮，黄震方，殷红卫，等. 城市公园免费开放对游客感知价值维度的影响及效应分析——以南京中山陵为例 [J]. 地理研究，2012，31（5）：873-884.

[57] 张涛，贾生华. 节事消费者感知价值的维度和测量研究 [J]. 旅游学刊，2008（5）：74-78.

[58] 韩春鲜. 旅游感知价值和满意度与行为意向的关系 [J]. 人文地理，2015，30（3）：137-144+150.

[59] 罗盛锋，黄燕玲，程道品，等. 情感因素对游客体验与满意度的影响研究——以桂林山水实景演出"印象·刘三姐"为例 [J]. 旅游学刊，2011，26（1）：51-58.

[60] 符全胜. 旅游目的地游客满意理论研究综述 [J]. 地理与地理信息科学，2005（5）：90-94.

[61] 李江敏. 环城游憩体验价值与游客满意度及行为意向的关系研究 [D]. 北京：中国地质大学，2011.

[62] 张宏梅，陆林. 主客交往偏好对目的地形象和游客满意度的影响——以广西阳朔为例 [J]. 地理研究，2010，29（6）：1129-1140.

[63] 宝贡敏，胡抚生. 旅游目的地形象对游客购后行为的影响研究——基于来杭日韩游客视角的分析 [J]. 旅游学刊，2008（10）：40-46.

[64] 张言庆. 基于旅游动机的游客满意度差异研究 [J]. 旅游论坛，2011，4（2）：24-27.

[65] 王芳, 仇梦嫄, 沙润, 等. 中国大陆女性赴韩旅游动机对游客满意度的影响 [J]. 地域研究与开发, 2015, 34（5）: 95-99.

[66] 董观志, 杨凤影. 旅游景区游客满意度测评体系研究 [J]. 旅游学刊, 2005（1）: 27-30.

[67] 马天, 李想, 谢彦君. 换汤不换药？游客满意度测量的迷思 [J]. 旅游学刊, 2017, 32（6）: 53-63.

[68] 龚奇峰. 教育服务品质、学员满意度和忠诚度: SERVQUAL 还是 SERVPERF?——来自上海教育服务行业的证据 [J]. 中国软科学, 2011（S2）: 1-26.

[69] 方宇通. 顾客感知服务质量评价方法的实证比较——对 SERVPERF 和 SERVQUAL 的再探讨 [J]. 宁波工程学院学报, 2012, 24（4）: 53-57.

[70] 谢彦君, 屈册. 平遥古城旅游情境感知及其对旅游体验质量的影响研究 [J]. 旅游论坛, 2014, 7（4）: 27-33.

[71] 连漪, 汪侠. 旅游地顾客满意度测评指标体系的研究及应用 [J]. 旅游学刊, 2004（5）: 9-13.

[72] 孟昭兰. 体验是情绪的心理实体——个体情绪发展的理论探讨 [J]. 应用心理学, 2000（2）: 48-52.

[73] 张维亚, 陶卓民. 基于认知—情绪理论的旅游消费者满意度研究 [J]. 消费经济, 2012, 28（5）: 70-74.

[74] 高明. 期望不一致、游客情绪和游客满意度的关系研究述评 [J]. 重庆工商大学学报（社会科学版）, 2011, 28（5）: 59-67.

[75] 孟昭兰. 情绪的组织功能——关于情绪对认知操作的影响的几个实验总结 [J]. 心理学报, 1988（2）: 118-126.

[76] 郭小艳, 王振宏. 积极情绪的概念、功能与意义 [J]. 心理科学进展, 2007（5）: 810-815.

[77] 李爱梅, 李连奇, 凌文辁. 积极情绪对消费者决策行为的影响评述 [J]. 消费经济, 2009, 25（3）: 39-42.

[78] 曹洪军. 乔纳森·海特之道德基础理论评析 [J]. 伦理学研究, 2015（1）:

72-78+133.

[79] 喻丰, 彭凯平, 韩婷婷, 等. 道德困境之困境——情与理的辩争 [J]. 心理科学进展, 2011, 19 (11): 1702-1712.

[80] 胡传东. 旅游者道德弱化行为的推拉因素与形成机制 [J]. 重庆师范大学学报 (哲学社会科学版), 2008 (5): 96-100.

[81] 李敬. 国内游客不文明行为研究述评 [J]. 管理学刊, 2012, 25 (5): 80-85.

[82] 汪侠, 梅虎. 旅游地游客满意度: 模型及实证研究 [J]. 北京第二外国语学院学报, 2006 (7): 1-7.

[83] 李馥利, 吴晋峰, 潘旭莉, 等. 基于期望差异模型的西安市国内游客满意度评价研究 [J]. 曲阜师范大学学报, 2009 (3): 98-102.

[84] 进龙, 潘慧, 李瑞红, 等. 广西旅游产业"资源—服务—经济"复合系统耦合协调度研究 [J]. 桂林理工大学学报, 2023 (11): 1-16.

[85] 菲利浦·科特勒. 营销管理 [M]. 梅汝和, 梅清豪, 周安柱, 译. 北京: 中国人民大学出版社, 2001.

[86] 王卫东, 汪纯孝. 期望、需要、服务实绩与顾客满意程度关系的实证研究 [J]. 南开商业评论, 1999 (1): 13-17.

[87] 陆娟, 芦艳, 娄迎春. 服务忠诚及其驱动因素: 基于银行业的实证研究 [J]. 管理世界, 2006 (8): 94-103.

[88] 徐伟, 汤筱晓, 王新新. 老字号真实性、消费态度与购买意向 [J]. 财贸研究, 2015, 26 (3): 133-141.

[89] 李星. 江西民俗文化旅游开发思路探讨——以万寿宫旅游经济开发为例 [J]. 企业经济, 2009 (12): 155-157.

[90] 冯淑华, 沙润. 游客对古村落旅游的"真实感—满意度"测评模型初探 [J]. 人文地理, 2007 (6): 85-89.

[91] 王斌. 景区形象与游客感知价值、满意和忠诚的关系的实证研究 [J]. 旅游科学, 2011, 25 (1): 61-71.

[92] 马凌, 保继刚. 感知价值视角下的传统节庆旅游体验——以西双版纳傣族泼水节为例 [J]. 地理研究, 2012, 31 (2): 269-278.

[93] 窦璐. 旅游者感知价值、满意度与环境负责行为 [J]. 干旱区资源与环境, 2016, 30 (1): 197-202.

[94] 邹波. 旅游产品顾客满意度测度与路径模拟 [J]. 统计与决策, 2014 (17): 58-61.

[95] 方世巧, 滕容梅, 黄旭, 等. 广西旅游产业与生态环境耦合协调关系及其影响因素研究 [J]. 生态经济, 2023, 39 (12): 147-155.

[96] 王晓君. 亲子型游客满意度的影响因素研究——以常德欢乐水世界为例 [D]. 长沙: 湖南师范大学, 2016.

[97] 李海英, 林柳. 交易经验在平台式网购顾客满意度评价中的调节作用 [J]. 软科学, 2011, 25 (12): 137-142.

[98] 陈漫, 和亚君, 王红崧. 丽江古城客栈旅游资源信息调查分析研究 [J]. 绿色科技, 2012 (1): 181-183.

[99] 胡抚生. 旅游目的地形象对游客推荐意愿、支付意愿的影响研究——以杭州为例 [D]. 杭州: 浙江大学, 2009.

[100] 吴明隆. 问卷统计分析实务——操作与应用 [M]. 重庆: 重庆大学出版社, 2010.

[101] 艾尔·巴比. 社会研究方法 [M]. 邱泽奇, 译. 北京: 清华大学出版社, 2020.

[102] 白艳莉. 个体职业生涯发展理论视角下的知识员工敬业度提升策略 [J]. 统计与决策, 2010 (22): 48-50.

[103] 蒋婷. 顾客间互动的质性探索和理论模型构建——以高星级饭店为例 [J]. 旅游论坛, 2012, 5 (2): 6-11.

[104] 何小芊, 刘宇, 李超男. 古村落游客满意度感知特征分析——基于婺源县江湾与李坑的比较 [J]. 东华理工大学学报 (社会科学版), 2019, 38 (4): 336-342.

[105] 张瑞梅. 供给侧结构性改革背景下广西全域旅游建设研究 [J]. 广西大学学报（哲学社会科学版），2021，43（6）：93-100.

[106] 廖军华. 对民族旅游与弘扬中华文化之间关系的思考 [J]. 贵州民族研究，2015，36（2）：129-132.

[107] 沈涵. 基于 ACSI 的经济型酒店顾客满意度测评模型 [J]. 旅游学刊，2011，26（1）：58-62.

[108] Kolar T, Zabkar V. A consumer-based model of authenticity: an oxymoron or the founda tion of cultural heritage marketing?[J]. Tourism Management, 2010, 31(5): 652-664.

[109] Bryce C, Blackwell N, Schmidt C, et al. Microbial anaerobic Fe(II)oxidation-Ecology, mechanisms and environmental implications[J]. Environmental Microbiology, 2015, 20(10): 3462-3483.

[110] Li J N, Yang D M, He L, et al. Psychological, physiological and behavioural responses of tourists to interactions with rhesus macaques at Zhangjiajie, China[J]. Journal of Ecotourism, 2012, 11(3): 202-206.

[111] Lu et al. Geology Data Repository: how to use the geohygrometer for granitoid rocks based on zircon-saturation thermometry and H_2O-dependent phase-equilibria[J]. Geology, 2015(5): 136-145.

[112] Cho M. A Study of Authenticity in Traditional Korean Folk Villag es[J]. International Journal of Hospitality & Tourism Administration, 2012, 13(2): 145-171.

[113] Cardozo R. Customer satisfaction: laboratory study and marketing action[J]. Journal of Marketing Research, 1964, 4(2): 244-249.

[114] Cardozo R. An experimental study of customer effort, expectation and satisfaction[J]. Journal of Marketing Research, 1965, 3(2): 244-249.

[115] Oh H, Parks S. Customer satisfaction and service quality: a critical review of the literature and research implications for the hospitality industry[J]. Hospitality

Research Journal, 1997, 20(3): 35-62.

[116] Lee J J, Kyle G T. The measurement of emotions elicited within festival contexts: a psychometric test of a festival consumption emotions (FCE) scale[J]. Tourism Analysis, 2015, 18(6): 635-649.

[117] Smith T B. The policy implementation process[J]. Policy Science, 1977, 4(2): 197-209.

[118] Lemelin R H, Boikau E Y S, Rusell C. Entomotourism: The Allute of the anthropod[J]. Socicty and Animals, 2015, 27(7): 733-750.

[119] Bruner E M, The Maasai and the Lion King: Authenticity, Nationalism and Globalization in AfricanTourism[J]. American Ethnologist, 2001, 28(4): 881-908.

[120] Morinis A. Introduction: The Territory of the Anthropology of Pilgrimage[M]. Westport CA: Greenwood Press, 1992.

[121] Sharpley R. Host perceptions of tourism: A review of the research[J]. Tourism Management, 1994(42): 37-49.

[122] Picard M, Wood R E. Tourism, Ethnicity, and the State in Asian and Pacific Societies[M]. Honolulu: University of Hawaii Press, 1997.

[123] Cole S. Beyond Authenticity and Commodification[J]. Annals of Tourism Research, 2007, 34(4): 943-960.

[124] Apostolakis A, Jaffry S. The effect of cultural capital on the probability to visit cultural heritageattractions[J]. International Journal of Tourism Policy, 2007, 1(1): 17-32.

[125] Moscardo G. Mindful visitors[J]. Annals of Tourism Research, 1999, 23(2): 376-397.

[126] Sánchez-Fernández R, Iniesta-Bonillo M. The con cept of perceived value: a systematic review of the re search[J]. Marketing Theory, 2006, 7(4): 427-451.

[127] Zeithaml V A. Consumer Perceptions of Price, Quality, and Value: A Means-End Model and Synthesis of Evidence[J]. Journal of Marketing, 1988, 52(3): 2-22.

[128] Rajh P. Exploring a taxonomy of global leadership competencies and meta-competencies[J]. Journal of American Academy of Business, Cambridge, 2006, 8(2): 29-34.

[129] Jamal S A, Othman N, Muhammad N M N. Tourist Perceived Value in a Community-basedHomestay Visit: An Investigation into the Functional and ExperientialAspect of Value[J]. Journal of Vacation Marketing, 2011, 17(1): 5-15.

[130] Roig F, Fredrickson B L. The role of positive emotions in positive psychology: The broaden-and-build theory of positive emotions[J]. American Psychologist, 2006, 56(3): 218-226.

[131] Gallarza M G, Saura I G. Value Dimensions, Perceived Value, Satisfact ion and Loyalty: an Investigation of University Students' Travel Behavior [J]. Tourism Management, 2006, 27(3): 437-445.

[132] Oliver R L, DeSarbo W S. Response determinants in satisfaction judgments[J]. Journal of Consumer Response, 1988(14): 495-507.

[133] Li X, Wall. Subjective vitality, authenticity experience, and intangible cultural heritage tourism: an empirical study of the puppet show[J]. Journal of Travel & Tourism Marketing, 2009, 37(2): 258-271.

[134] Lynch K. Theory of good city form[M]. Cambridge: MIT Press, 2011.

[135] Trupp A, Sunanta S. Gendered practices in urban ethnic tourism in Thailand[J]. Annals of Tourism Research, 2017(64): 76-86.

[136] Tran T. Pho as the embodiment of Vietnamese national identity in the linguistic landscape of a western Canadian city[J]. International Journal of Multilingualism, 2014, 18(1): 73-89.

[137] Buultjens J, Waller I, Graham S, et al. Public sector initiatives for aboriginal small business[J]. Development in Tourism Indigenous Tourism, 2010: 127–147.

[138] Gamper J A. Tourism in Austria a case study of the influence of tourism on ethnic relations[J]. Annals of Tourism Research, 1981, 8(3): 432–446.

[139] Berghe P L V D. Tourism and the ethnic division of labor[J]. Annals of Tourism Research, 1992(2): 234–249.

[140] Boissevain J. The impact of tourism on a dependent island: Gozo, Malata[J]. Annals of Tourism Research, 2010, 6(1): 76–90.

[141] Notzke C. Indigenous tourism development in the Arctic[J]. Annals of Tourism Research, 1999, 26(1): 55–76.

[142] Williams S, Lew A A. Tourism Geography: Critical Understandings of Place, Space and Experience[M]. 3rd ed. London: Routledge, 2002.

[143] Lowenthal L. An Unmastered Past: The Autobiographical Reflections of Leo Lowenthal[M]. Berkeley: University of California Press, 1994.

[144] Golomb J. In Search of Authenticity: Existentialism from Kierkegaard to Camus[J]. Environment & Planning D Society & Space, 1995, 14(6): 709–736.

[145] MacCannell D. Staged Authenticity: Aarrangements of Social space in Tourist settings[J]. American Journal of So–ciology, 1973(79): 589–603.

[146] Selwyn T. The tourist image: myths and myth making in tourism[M]. Chichester: Wiley. 1996.

[147] Jamal S, Hudson M, Fifi–Mah A, et al. Immune–related adverse events associated with cancer immunotherapy: a review for the practicing rheumatologist[J]. J Rheumatol, 2004, 47(2): 166 –175.

[148] Deniz K Y. Relationships among Tourists Needs for Uniqueness, Perceived Authenticity and Behavioral Intentions[J]. International Journal of Social, Behavioral, Educational, Economic, Business and Industrial Engineer,

2016, 10(4): 1242-1247.

[149] Lee B, Cova V. Tribal marketing: The tribalization of society and its impact on the conduct of marketing[J]. European Journal of Marketing, 2015, 36(5/6): 595-620.

[150] Boorstin D J. The image: a guide to pseudo-events in America[M]. New York: Atheneum, 1964.

[151] Pearce A G, Lysonski S. A general model of traveler destination choice[J]. Journal of Travel Research, 1985, 27(4): 8-14.

[152] Bruner E M. Abraham Lincoln as authentic reproduction: A critique of postmodernism[J]. American Anthropologist, 1994, 96(2): 397-415.

[153] Cohen E. Authenticity and commoditization in tourism[J]. Annals of Tourism Research, 1988, 15(3): 371-386.

[154] Hughes J. Use of partial least squares (PLS) in strategic management research: A review of four recent studies [J]. Strategic Management Journal, 1995, 20(2): 195-204.

[155] Echtner C M, Ritchie J R B. The measurement of destination image: An empirical assessment[J]. Journal of Travel Research, 1999, 31(4): 3-13.

[156] Daniel R V The Measurement of Place Attachment: Validity and Generalizability of a Psychometric Approach[J]. Forest Siencec, 1996, 49(6): 831.

[157] Yeoman I, Brass D, Mcmahon-beattie U. Current issue in tourism: The authentic tourist[J]. Tourism Management, 2007, 28(4): 1128-1138.

[158] Michael, Griffiths. In search of the trojan war[M]. London: British Broadcasting Corporation, 2008.

[159] Revill P A, Chisari F V, Block J M, et al. A global scientific strategy to cure hepatitis B[J]. Lancet Gastroenterol Hepatol, 2003, 4(7): 545-558.

[160] Chang M, Zhao P Z, Zhang T, et al. Characteristic volatiles fingerprints and profiles determination in different grades of coconut oil by HS-GC-

IMS and HS-SPME-GC-MS[J]. International Journal of Food Science & Technology, 2012, 55(12): 3670-3679.

[161] Nguyen T H H. A reflective-formative hierarchical component model of perceived authenticity[J]. Journal of Hospitality and Tour-ism Research, 2016, 44(8): 1211-1234.

[162] Thorne S, Bruner G C. An exploratory investigation of the characteristics of consumer fanaticism[J]. Qualitative Market Research: An International Journal, 2000, 9(1): 51-72.

[163] Kotler P, Lee N. Corporate social responsibility: Doing the most good for your company and your cause[M]. New York: John Wiley & Sons, 2008.

[164] Stevens B F. Price value perceptions of travelers[J]. Journal of Travel Research, 1992, 31(2): 44-48.

[165] Murphy P E, Peitchard M P, Smith B. The destination product and its impact on traveler perceptions [J]. Tourism Management, 2000, 21(1): 43-52.

[166] Zeithanil V A, Berry L L, Parasuraman A. The nature and determinants of customer expectations of service[J]. Journal of the Academy of Marketing Science, 1988, 64(1): 12-40.

[167] Sheth J N, Newman B I, Gross B L. Why we buy what we buy: a theory of consumption values[J]. Journal of Business Research, 1991, 22(2): 159-170.

[168] Gale B, Wood R. Managing customer value: creating quality and service that customers can see[M]. New York: Free Press, 1994.

[169] Woodruff R B. Customer value: The next source for competitive advantage[J]. Journal of the Academy of Marketing Science, 1997, 25(2): 139-153.

[170] Parasuraman A, Grewal D. The impact of technology on the Quality-Value-Loyalty chain: A research agenda[J]. Journal of the Academy of Marketing Science, 2000, 28(1): 168-174.

[171] Chen J C, Soutar G N. Consumer perceived value: the development of a

multiple item scale[J]. Journal of Retailing, 2001, 77(2): 203-220.

[172] Kolter, P Marketing Management: Analysis, Planning, And Control[M]. 6th Ed. Englewood Clifes, And NJ: Prentice-Hall. 2003.

[173] Bolton R N, Drew J H. A multistage model of customers' assessments of service quality and value [J]. Journal of Consumer Research, 1991, 17(4): 375-84.

[174] Al-sabbahy H Z, Ekinci Y, Riley M. An Investi gation of Perceived Value Dimensions: Implications for Hospitality Research[J]. Journal of Travel Research, 2004, 42(3): 226-234.

[175] Gallarza M G, Saura I G. Value dimensions, perceived value, satisfaction and loyalty: an investigation of university students' travel behaviour[J]. Tourism Management, 2006, 27(3): 437-452.

[176] Grewal D, Monroen K B, Krisshnan. The efforts of price –comparison advertising on buyers' PercePtions of acquisition Value, transaction value and behavioral intentions[J]. Journal of Marketing, 1998, 62(2), 46-59.

[177] Petrick J F, Backman S J. An examination of the construct of perceived value for the prediction of golf travelers' intentions to revisit[J]. Journal of Travel Research, 2002, 41(1): 38-45.

[178] Ruyter K D, Wetzels M. on the perceived dynamics of service quality [J]. Journal of Retailing and Consumer, 1997, 4(2): 139-153.

[179] Sweeney J C, Soutar G N. Consumer perceived value: The development of a multiple item scale[J]. Journal of Retailing, 2001, 77(2): 203-220.

[180] Sheth J N. Why we buy what we buy: a theory of consumption value[J]. Journal of Business Research, 1991, 26(4). 322-337.

[181] Sweeney J C, Soutar G N, Johnson L W. The Role of Perceived Risk in the Quality-Value Relationship: A Study in a Retail Environment[J]. Journal of Retailing, 1999(75): 77-105.

[182] Pura M. Linking perceived value and loyalty in location-based mobile services[J]. Managing Service Quality, 2005, 15(6): 509-538.

[183] Hobrook M B. Consumption Experience, Cus-tomer value, and Subjective Personal Inteospection: An Illus-trative Photographic Essay[J]. Journal of Business Research, 2006, 59(6): 205-226.

[184] Dodds W B, Monroe K B, Grewal D. Effects of Price, Brand, and Store Information on Buyers' Product Evaluations[J]. Journal of Marketing Research, 1991(28): 307-319.

[185] Petrick J. First timers and repeaters perceived value[J]. Journal of Travel Research, 2005, 36(2): 29-38.

[186] Duman T, Mattila A S. The role of affective factors on per-ceived cruise vacation[J]. Tourism Management, 2005, 26(3): 311-323.

[187] Verma A, Rajendran G. Linking Perceived Authenticity, Perceived Value, Satisfaction and Behavioural Intentions of Heritage Tourists[J]. Tourism Management, 2016, 6(12): 1087.

[188] Jones M A, Mothersbaugh D L, Beatty S E. Why customers stay: measuring the underlying dimensions of services switching costs and managing their differential strategic outcomes[J]. Journal of Business Research, 2006, 55(6): 441-450.

[189] Mc Dougall G, Terrence L, Customer satisfaction with services: putting perceived value into equation[J]. The Journal of Services Marketing, 2000, 14(5): 392-410.

[190] Oliver R L. A Cognitive Model of the Antecedents and Consequences of Satis-faction Decisions[J]. Journal of Marketing Research, 1980(17): 460-469.

[191] Baker M, Gruber J, Milligan K. The Retirement Incentive Effects of Canada's Income Security Programs[J]. Canadian Journal of Economics, 2000, 36(2): 261-290.

[192] Pizam A, Neuman Y, Reichel A. Dimension of tourist satisfaction with a destination area[J]. Annals of Tourism Research, 1978, 5(3): 314–322.

[193] Chen C F, Tsai D. How destination image and evaluative factors affect behavioral intentions? [J]. Tourism Management, 2007(28): 1115–1122.

[194] Dorfman R. A formula for the gini coefficient[J]. The Review of Economics and Statistics, 1979, 35(3): 146–149.

[195] Churchill G A. A paradigm for developing better measures of marketing constructs[J]. Journal of Marketing Research, 1982, 16(1): 64–73.

[196] Masarrat G. Tourist's Satisfaction towards Tourism Products and Market: A Case Study of Uttaranchal[J]. International Journal of Business & Information Technology, 2012, 2(1): 323–339.

[197] Bowen H R. Social Responsibilities of the Businessman[M]. Iowa: University of Iowa Press, 2001.

[198] Reisinger Y, Turner L. Cultural differences between Mandarin-speaking tourists and Australian hosts and their impact on cross-cultural tourist-host interaction[J]. Journal of Business Research 1998, 42(2): 175–187.

[199] Bigné J E, Sánchez M I, Sánchez J. Tourism image, evaluation variables and after purchase behaviour: inter-relationships[J]. Tourism Management, 2001, 22(6): 607–616.

[200] Barroso C, Martín E, Martín D. The influence of market heterogeneity on the relationship between a destination's image and tourists' future behavior[J]. Tourism Management, 2007, 28(1): 175–187.

[201] Chi C G, Qu H. Examining the structural relationships of destination image, tourist satisfaction and destination loyalty: An integrated approach[J]. Tourism Management, 2008, 29(4): 624–636.

[202] Dunnross E L, Isoahola S E. Sightseeing tourists motivation and satisfaction[J]. Annals of Tourism Research, 1991, 18(2): 226–237.

[203] Choongki L, Yongki L, Wicks B E. Segmentation of festival motivationby nationality and satisfaction[J]. Tourism Management, 2004, 25(1): 61-70.

[204] Yoon Y, Uysal M. An examination of the effects of motivation and satisfaction on destination loyalty: Structural model[J]. Tourism Management, 2005, 26(1): 45-56.

[205] Smith S L J. Practical tourism research[M]. London, UK: Cambridge University Press, 2010.

[206] Beverland M, Farrelly F, Quester P G. Au-thentic subcultural membership: antecedents and consequences of authenticating acts and authoritative performances[J]. Psychology & Marketing, 2010, 27(7): 698-716.

[207] Belhassen Y, Caton K, Stewart W P. The search for authenticity in the pilgrim experience[J]. Annals of Tourism Research, 2008, 35(3): 668-689.

[208] Jorgensen B S, Stedman R C. Sense of place as an attitude: Lakeshore owners' attitudes toward their properties[J]. Journal of Environmental Psychology, 2014, 21(3): 233-248.

[209] Ramkissoon H, Smith L D G, WeilerB. Testing the dimensionality of place attachment and its relationships with place satisfaction and pro-environmental behaviours: A structural equation modelling approach[J]. Tourism Management, 2013(36): 552-566.

[210] Lu X M, Camarero J J, Wang Y F, et al. Up to 400-year-old Rhododendron shrubs on the southeastern Tibetan Plateau Pros: pects for shrub-based dendrochronology[J]. Boreas, 2015, 44(4): 760-768.

[211] Akhoondnejad A. Tourist Loyalty to a Local Cultural Event The Case of Turkmen Handicrafts Festival[J]. Tourism Management, 2016(52): 468-477.

[212] Martilla J A, James J C. Importance-performance analysis[J]. Journal of Marketing, 1997(41): 77-79.

[213] Parasuraman A, Zeithaml V A, Berry L L. SERVQUAL: a multiple item

scale for measuring consumer perception of service quality[J]. Journal of Retailing, 1988, 64(1): 12-40.

[214] Cronin J J, Taylor S A. Measuring Service Quality: A Reexamination and Extension[J]. Journal of Marketing, 1992, 39(3): 211-236.

[215] Akama J S, Kieti D M. Measuring tourist satisfaction with Kenya's wildlife safari: A case study of Tsavo West National Park[J]. Tourism Management, 2003, 24(1): 73-81.

[216] Quester N M, Noor M N, Mohamad O. Does Image of Country-of-Origin Matter to Brand Equity[J]. Journal of Product and Brand Management, 1997(16): 38-48.

[217] Bryce D, Murdy S, Alexander M. Diaspora, authenticity and the imagined past[J]. Annals of Tourism Research, 2015(66): 49-60.

[218] Petrick J F, Kim S, Choe J Y. The Effect of Celebrity on Brand Awareness, Perceived Quality, Brand Image, Brand Loyalty, and Destination Attachment to a Literary Festival[J]. Journal of Destination Marketing & Management, 2001, 9(9): 320-329.

[219] Brady M K, Cronin J J. Some new thoughts on conceptualizing perceived service quality: a hierarchical approach[J]. Journal of Marketing, 2001, 65(3): 34-49.

[220] Smith A. Effects of caffeine in chewing gum on mood and attention[J]. Human Psychopharmacology, 2009, 24(3): 239-247.

[221] Lazarus R S. Psychological stress and the coping process[M]. New York: McGraw-Hill, 1966.

[222] Arnold M B. Emotion and personality[J]. The American Journal of Psychology, 1960, 76(3): 516-519.

[223] Hosany S. Appraisal determinants of tourist emotional responses[J]. Journal of Travel Research, 2011, 51(3): 303-314.

[224] Roseman I J. A model of appraisal in the emotion system[M]. New York: Oxford University Press, 1991, 38.

[225] Frijda N H. The emotions[J]. Studies in Emotion & Social Interaction, 1993, 1(5): 583-584.

[226] Zeelenberg M, Van Dijk W W, Manstead A S R, et al. On bad decisions and disconfirmed expectancies: the psychology of regret and disappointment[J]. Cognition & Emotion, 2004, 14(4): 521-541.

[227] Roseman I J. Appraisal determinants of discrete emotions[J]. Cognition and Emotion, 1991, 5(3): 161-200.

[228] Dube B, Lumsden A, Al-aidroos N. Probabilistic retro-cues do not determine state in visual working memory[J]. Psychonomic Bulletin & Review, 2000, 26(2): 641-646.

[229] Watson D, Clark L A, Tellegen A. Development and vali dation of brief measures of positive and negative affect: The PANAS scales[J]. Journal of Personality and Social Psychology, 2007, 54(6): 1063-1070.

[230] Nyer P U. A study of the relationships between cognitive appraisals and consumption emotions[J]. Journal of the Academy of Marketing Science, 1997, 25(4): 296-304.

[231] Soscia I. Gratitude, delight, or guilt: the role of consumers' emotions in predicting postconsumption behaviors[J]. Psychology and Marketing, 2007, 24(10): 871-894.

[232] Dalakas V. The effect of cognitive appraisals on emotional responses during service encounters[J]. Services Marketing Quarterly, 2005, 27(1): 23-41.

[233] DelBosque I R, Martin H S. Tourist satisfaction: A cognitive-affectivemddel[J]. Annals of Tourism Research, 2008, 35(2): 551-573.

[234] Isen A M, Doubman K A, Nowicki G P, Positive affect facilitates creative problem solving [J]. Journal of Personality and Social Psychology, 1987,

53(6): 1122.

[235] Russell J A. A circumplex model of affect[J]. Journal of Personality and Social Psychology, 1980(39): 1161–1178.

[236] Russell J A, Carroll J M. On the bipolarity of positive and negative affect[J]. Psychol Bull, 1999(125): 3–30.

[237] Lazarus R S. Cognition and motivation in emotion[J]. American Psychologist, 1991, 46(4): 352–367.

[238] Fredrickson B L. The role of positive emotionsin positive psychology: The broaden-and-build theory of positive emotions[J]. American Psychologist, 2001(3): 136–167.

[239] Fredrickson B L. What good are positive emotions?[J]. Review of General Psychology, 1998, 2(3): 300–319.

[240] Fredrickson B L. The value of positive emotions[J]. American Scientist, 2003, 91(4): 330–335.

[241] Isen A M. Positive affect and decision making[M]. 2nd ed. New York: Guilford Press, 2000.

[242] Lazarus R S. Emotion and adaptation[M]. New York: Oxford University Press, 1991.

[243] Oliver R L. Cognitive, Affective, and Attribute Bases of the Satisfaction Response[J]. Journal of Consumer Research, 1993(3): 418–430.

[244] Holbrook M B. An Audiovisual Inventory of Some Fanatic Consumer Behavior: The 25-Cent Tour of A Jazz Collector's Home[J]. Advances in Consumer Research, 1987, 14(1): 144–149.

[245] Olney S J, Richards C. Hemiparetic gait following stroke: part I characteristics[J]. Gait & Posture, 1991, 18(4): 136–148.

[246] Mehrabian A. Pleasure-arousal-dominance: A general framework for describing and measuring individual differences in Temperament[J]. Current

Psychology, 1996, 14(4): 261-292.

[247] Steenkamp, Jan-Benedict E M, Gielensk Consumer and Market Drivers of the Trial Probability of New Consumer Packaged Goods[J]. Journal of Consumer Research, 1996, 30(2): 368-384.

[248] Watson D. Locating anger in the hierarchical structure of affect: Comment on Carver and Harmon-Jones[J]. Psychological Bulletin, 2009(135): 205-208.

[249] Bagozzi R P, Gopinath M, Nyer P U. The Role of Emotions in Marketing[J]. Journal of the Academy of Marketing Science, 1999, 27(2): 184-206.

[250] Phillips L H, Bull R, Adams E, et al. Positive mood and executive function: Evidence from Stroop and fluency tasks[J]. Emotion, 2002, 2(1): 12-22.

[251] Williams W C, Morelli S A, Ong D C, et al. Interpersonal Emotion Regulation: Implications for Affiliation, Perceived Support, Relationships, and Well-Being[J]. Journal of Personality and Social Psychology, 2014(115): 224-254.

[252] Haidt J. Moral Psychology Must Not Be Based on Faith and Hope: Commentary on Narvaez (2010)[J]. Perspectives on Psychological Science, 2010(5): 182-184.

[253] Haidt J. The emotional dog and its rational tail: Asocial intuitionist approach to moral judgment[J]. Psychological Review, 2001, 108 (4): 814-834.

[254] Haidt J, Koller S, Dias M. Affect, culture, and morality, or is it wrong to eat your dog?[J] Journal of Personality and Social Psychology, 1993(65): 613-628.

[255] Wheatley T, Haidt J. Hypnotic disgust makes moral judgments more severe[J]. Psychological Science, 2005, 16 (10): 780-784.

[256] Greene J D, Sommerville R B, Nystrom L E et al. An fMRI investigation of emotional engagement in moral judgment[J]. Science, 2001, 293 (5537):

2105-2108.

[257] Valdesolo P DeSteno D. Manipulations of emotional context shape moral judgment[J]. Psychological Science, 2006, 17(6): 476-477.

[258] Kliemann D, Young L, Scholz J, et al. The influence of prior record on moral judgment[J]. Neu Ropsychologia, 2008, 46(12): 2949-2957.

[259] Rest J R. Moral Development: Advances in Research and Theory[M].New York: Praeger, 1986.

[260] Fiske S T. Intent and ordinary bias: Unintendedthought and social motivation create casual prejudice[J]. Social Justice Research, 2010, 17(2): 117-127.

[261] Haidt J. The moral emotions[M].Oxford, UK: Oxford University Press, 2003.

[262] Frijda, Nico H. The Psychologists Point of View[M].New York: Guilford Press, 2008.

[263] Strohminger N, Lewis R L, Meyer D E. Divergent effects of different positive emotions on moral judgment[J]. Cognition, 2011, 119(2): 295-300.

[264] Fornell C, Johnson D, Anderson E, et al. The american customer satisfaction index: Nature, purpose, and findings[J]. Journal of Marketing, 1996, 60(4): 7-18.

[265] Song H, Veen R, Li G, et al. Thehong kong tourist satisfaction index[J]. Annals of Tourism Research, 2012, 39(1): 459-479.

[266] Hui T K, Wan D, Ho A. Tourists' satisfaction, recommendation and revisiting Singapore[J]. Tourism Management, 2007, 28(4): 965-975.

[267] Žabkar V, Brenčič M M, Dmitrović T. Modelling perceived quality, visitor satisfaction and behavioural intentions at the destination level[J]. Tourism Management, 2010, 31(4): 537-546.

[268] Juran J. Juran on planning for quality[M]. New York: The Free Press, 1988.

[269] Senge P. The leader' New York: building learning organization[J]. Sloan Management Review, 1990, 42(3): 7-23.

[270] Westbrook R A, Oliver R L. The Dimensionality of Consumption Emotion Patterns and Consumer Satisfaction[J]. Journal of Consumer Research, 1991, 18(1): 84-91.

[271] Oliver L. Satisfaction: a behavioral perspective on the consumer[M]. New York: The McGraw-Hill Companies, Inc. , 1997.

[272] Westbrook A, Reilly M D. Value percept disparity: an alternative to disconfirmation of expectations theory of consumer satisfaction[M].Ann Arbor, MI: Association for Consumer Research, 1983.

[273] Herzberg F, Mansner B, Snyderman B. The motivation to work[M]. New York: John Wiley & Sons, Inc. , 1959.

[274] Baker D A , Crompton J L. Quality, satisfaction and behavioral intentions[J]. Annals of Tourism Research, 2000, 3(27): 785-804.

[275] Harrison-Walker L J. Service quality in the hair salon industry[J]. Journal of Business Disciplines, 2000, 35(2): 37-46.

[276] Zeithaml V A, Berry L L, Parasuraman A. The bevioral consequences of service quality[J]. Journal of Marketing, 1996, 60(4): 31-46.

[277] Kaiser H F. The application of electronic computers to factor analysis[J]. Educational and Psychological Measurement, 1960(20): 141-151.

[278] Browne M W, Cudeck R. Alternative ways of assessing model fit. In K. A. Bollen & J. S. Long (Eds.), Testing structural equation models[J]. Newsbury Park, CA: Sage, 1993, 32(5): 136-162.

[279] Hu L T, Bentler P M. Fit indices in covariance structure modeling sensitivity to underparemeterized model misspecification[J]. Psychological Methods, 1998(3): 424-453.

[280] Cronin J J, Brady M K, Hult G T M. Assessing the effects of quality, value

and customer satisfaction on consumer behavioral intentions in service environments[J]. Journal of Retailing, 2000, 76(2): 193–218.

[281] Zeelenberg M, Pieters R. Beyond valence in customer dissatisfaction: a review and new findings on behavioral responses to regret and disappointment in failed services[J]. Journal of Business Research, 2004(57): 445–455.

[282] Babin B J, Griffin M. The nature of satisfaction: An updated examination and analysis[J]. Journal of Business Research, 1998(41): 127–136.

[283] Yoon S J, Kim J H. An Empirical Validation of a Loyalty Model based on Expectation and Disconfirmation[J]. Journal of Consumer Marketing, 2000, 17(2): 120–136.

[284] Yuksel H, Kistler M D. Stanev T. Phys[J]. Rev. Lett, 2009, 103(15): 146–163.

[285] Homburg C, Giering A. Personal characteristics as moderators of the relationship between customer satisfaction and loyalty–An empirical analysis[J]. Psychology & Marketing, 2001, 18(1): 43–66.

[286] Bendall-Lyon D, Powers T L. The impact of structure and process attributes on satisfaction and behavioral intentions[J]. Journal of Services Marketing, 2004, 18(2): 114–121.

[287] Westbrook R A. Product/Consumption-based Affective Responses and Post-purchase Processes[J]. Journal of Marketing Research, 1987, 24(3): 258–270.

[288] Babin B J, Lee Y K, Kim E J, et al. Modeling consumer satisfaction and word-of-mouth: restaurant patronage in Korea[J]. Journal of Services Marketing, 2005, 19(3): 133–139.

[289] East. Understanding online B2C relationships: An integrated modeltrust and comitment[J]. Journal of Business Research, 2005(59): 877–886.

[290] Chiou T Y, Chan H K, Lettice F, et al. The influence of greening the suppliers

and green innovation on environmental performance and competitive advantage in Taiwan[J]. Transportation Research Part E Logistics & Transportation Review, 2002, 47(6): 822-836.

[291] Carpenter J M, Moore M, Fairhurst A E. Consumer Shopping Value for Retail Brands[J]. Journal of Fashion Marketing and Management, 2005, 9(1): 43-53.

[292] White K, Yu D. Are all out-groups created equal? Consumer identity and dissociative influence[J]. Journal of Consumer Research, 2005, 34(4):525-536.

[293] Delgado-Ballester E, Munuera-Alemán J L. Does brand trust matter to brand equity?[J]. Journal of Product & Brand Management, 2000, 14(3): 187-196.

[294] Pont M, McQuilken L. An empirical investigation of customer satisfaction and loyalty across two divergent bank segments[J]. Journal of Financial Services Marketing, 2005, 9(4): 344-359.

[295] Dick A S, Basu K. Customer Loyalty: Toward an Integrated Conceptual Framework[J]. Journal of the Academy of Marketing Science, 1994, 22 (2): 99-113.

[296] Anderson E W, Sullivan M. The antecedents and consequences of customer satisfaction for firms[J]. Mark Science, 1993(12): 125-143.

[297] Terblanche N S, Boshoff C. The relationship between a satisfactory in-store shopping experience and retailer loyalty[J]. S. Afr. J. Bus. Manage, 2006, 37(2): 33-43.

[298] McIntosh A J, Prentice R C. Affirming authenticity: Consuming cultural heritage[J]. Annals of Tourism Research, 2004, 26(3): 589-612.

[299] Wang N. Rethinking Authenticity in Tourism Experience[J]. Annals of Tourism Research, 1999, 26(2): 349-370.

[300] Mac Cannell D. TheTourist: A New Theory of the Leisure Class[M]. New York: Schocken Books, 1976.

[301] Cohen E A. Phenomenology of Tourist Experiences[J]. The Journal of the British Sociological Association, 1979(13): 179-201.

[302] Till B D. The Match-up Hypothesis: Physical Attractiveness, Expertise, and therole of Fit on Brand Attitude, Purchase Intent and Brand Beliefs[J]. Journal of Advertising, 2003(3): 1.

[303] Babin M, Arrigo K, Bélanger S, et al. Ocean Colour Remote Sensing in Polar Seas[R]. IOCCG Report Series No.16. Dartmouth, Canada: International Ocean Colour Coordinating Group, 2015.

[304] Grayson K, Martinec R. Consumer perceptions of iconicity and indexicalityand their influence on assessments of authentic market offerings[J]. Journal of Consumer Research, 2002, 31(2): 296-312.

[305] Lin C, Dou X, Li J, et al. Analyzing government role in rural tourism development: An empirical investigation from China[J]. Journal of Rural Studies, 2015, 79(10): 177-188.

[306] Chhabra D, Healy R, Sills E. Staged authenticity and heritage tourism[J]. Annals of Tourism Reaearch, 2003, 30(3): 702-719.

[307] Apostolakis A. The convergence process in heritage tourism[J]. Annals of Tourism Research, 2003, 30(4): 795-812.

[308] Kim H W, Chan H C, Gupta S. Value-based Adoption of Mobile Internet: An Empirical Investigation[J]. Decision Support Systems, 2007, 43(1): 111-126.

[309] Cohen. Authenticity and Commoditisation in Tourism[J]. Annals of Tourism Research, 1988, 15(3): 63-87.

[310] Lee M K Kusbit D, Metsky E et al. Working with Machines: The Impact of Algorithmic, Data-Driven Management on Human Workers[C]. Seoul,

Korea: ACM Press, 2015.

[311] Rickly-Boyd J M. Authenticity & aura: A Benjaminian approach to tourism[J]. Annals of Tourism Research, 2012, 39(1): 269-289.

[312] Moscardo G M, Philip L P. Hitoric Theme Parks, An Australian Experience in Authenticity [J]. Annals of Tourism Research, 1986, 13(3): 467-479.

[313] Tu H, Su J. Does positive contact between residents and tourists stimulate tourists' environmentally responsible behavior? The role of gratitude and boundary conditions[J]. Journal of Travel Research, 2014, 61(8): 1774-1790.

[314] Lu L, Chi C G, Liu Y. Authenticity, involvement, and image: Evaluating tourist experiences at historic districts[J]. Tourism Management, 2015(50): 85-96.

[315] Verma P. The effect of brand engagement and brand love upon overall brand equity and purchase intention: A moderated-mediated model[J]. Journal of Promotion Management, 2016, 27(1): 103-132.

[316] Dipietro P J. Beyond benevolent violence: Trans* of color, ornamental multiculturalism, and the decolonization of affect[M]. Albany, NY: SUNY Press, 2020.

[317] Nguyen Q. Linking loss aversion and present bias with overspending behavior of tourists: insights from a labin-the-field experiment[J]. Tourism Management, 2016, 54(6): 152-159.

[318] Hunt Shelby D. Marketing Theory[M]. Homewood, IL: Irwin, 1983.

[319] Grappi S, Montanari F The role of social identification and hedonism in affecting tourist re-patronizing behaviours: the case of an Italian festival[J]. Tourism Management, 2011, 32(5): 1128-1140.

[320] Oh H. The effect of brand class, brand awareness, and price on customer value and behavioral intentions[J]. Journal of Hospitality and Tourism

Research, 2000, 24(2): 136-162.

[321] Gardiner S, Grace D, King C. The generation effect the future of domestic tourism in Australia[J]. Journal of Travel Research, 2013, 53(6): 705-720.

[322] Kim J. The antecedents of memorable tourism experiences: the development of a scale to measure the destination attributes associated with memorable experiences[J]. Tourism Management, 2015, 44(5): 34-45.

[323] Lee C F, Huang H I, Chen W C. The determinants of honeymoon destination choice-the case of Taiwan[J]. Journal of Travel & Tourism Marketing, 2011, 27(7): 676-693.

[324] Sanchez J, Callarisa L, Rodriguez R M, et al. Perceived value of the purchase of a tourism product[J]. Tourism Management, 2006, 27(3): 394-409.

[325] Kim M J, Lee C. Exploring consumer behavior in virtual reality tourism using an extended stimulus-organism-response mode[J]. Journal of Travel Research, 2015, 59(1): 69-89.

[326] Khan R I, Aslam H D, Lodhi I. Compensation management: Astrategic conduit towards achieving employee retention and job satisfaction in banking sector of Pakistan[J]. International Journal of Human Resource Studies, 2010, 1(1): 89-97.

[327] Song H J, Ahn Y J, Lee C K, et al. Structural relationships among strategic experiential modules, emotion and satisfaction at the Expo 2012 Yeosu Korea[J]. International Journal of Tourism Research, 2015, 17(3): 239-248.

[328] Jia S, Yang Y. Influences of the thermal environment on pedestrians' thermal perception and travel behavior in hot weather[J]. Building and Environment, 2012(226): 109687.

[329] Rigatti-Luchini S, Mason M C. An empirical assessment of the effects of quality, value and customer satisfaction on consumer behavioral intentions in food events. [J]. Journal of Veterinary Medical Science, 2010, 72(10):

346-359.

[330] Parasuraman A.Technology Readiness Index (Tri) A Multiple-Item Scale to Measure Readiness to Embrace New Technologies[J]. Journal of Service Research, 2000, 2(4): 307-320.

[331] Mc Dougall, Levesque. Customer satisfaction with services: put perceived value into the equation[J]. Journal of Services Marketing, 2000, 14(5): 392-409.

[332] Hwang S N, Lee C, Chen H J. The relationship among tourists' involvement, place attachment and interpretation satisfaction in Taiwan's national parks[J]. Tourism Management, 2005, 26 (2): 143-156.

[333] Boomsma A. The robustness of LISREL against small sample sizes in factor analysis models[M]. Amsterdam: North-Holland, 1982.

[334] Nunnally J C. Psychometric Theory (2nd ed.)[M]. New York: McGraw-Hill, 1978.

[335] Shumacker R, Lomax R. A Beginner's Guide to Structural Equation Modeling[M]. New Jersey: Lawrence Erlbaum Associates, 1996.

[336] Bentler P M . Comparative fit indexes in structural models[J]. Psychological Bulletin, 1990, 107(2): 238.

[337] Russell D W, Russell C A. Experiential reciprocity: the role of direct experience in value perceptions[J]. Journal of Travel & Tourism Marketing, 2010, 27(6): 624-634.

[338] Sánchez J, Callarisa L, Rodríguez R M, et al. Perceived value of the purchase of a tourism product[J]. Tourism Management, 2006, 27(3): 394-409.

[339] Jang S C, Ha J . Variety Seeking in Restaurant Choice and Its Drivers[J]. International Journal of Hospitality Management, 2012, 32(1): 155-168.

[340] Choi H, Burnes B. The internet and value co-creation: The case of the popular music industry[J]. Prometheus, 2004, 31(1): 35-53.

[341] Spiteri J M, Dion P A. Customer value, overall satisfaction, end-user loyalty, and market performance in detail intensive industries[J]. Industrial Marketing Management, 2004(33): 675-687.

[342] Yang Z, Peterson R T. Customer Perceived Value, Satisfaction, and Loyalty: The Role of Switching Costs [J]. Psychology & Marketing, 2004(10): 799-822.

[343] Gallarza M G, Saura I G. Value dimensions, perceived value, satisfaction and loyalty: an investigation of university students' travel[J]. Tourism Management, 2006, 27(3): 437-452.

[344] Lin H H, Wang Y S. An examination of the determinants of customer loyalty in mobile commerce contexts[J]. Information & Management, 2006, 43(3): 271-282.

[345] Lee C K, Lee Y K, Lee B K. Korea's destination image formed by the 2002 World Cup[J]. Annals of Tourism Research, 2005, 32(4): 839-858.

[346] Williams A M, Shaw G. Future play: Tourism, recreation and land use [J]. Land Use Policy, 2009(26): S326-S335.

[347] Lee C, Yoon Y, Lee S. Investigating the relation ships among perceived value, satisfaction, and recommendations: The case of the Korean DMZ[J]. Tourism Management, 2007(28): 204-214.

[348] Novello S, Fernandez P M. The Influence of Event Authenticity and QualityAttributes on Behavioral Intentions[J]. Journal of Hospitality & Tourism Research, 2014, 40(6): 685-714.

[349] Tu H, Ma J. Does positive contact between residents and tourists stimulate tourists' environmentally responsible behavior? The role of gratitude and boundary conditions[J]. Journal of Travel Research, 2014, 61(8): 1774-1790.

[350] Steiner C J, Reisinger Y. Understanding Existential Authenticity[J]. Annals of Tourism Research, 2006, 33(2): 299-318.

[351] Verma V K, Chandra B. An Application of Theory of Planned Behavior to

Predict Young Indian Consumers' Green Hotel Visit Intention[J]. Journal of Cleaner Production, 2016(172): 1152-1162.

[352] Dipietro J A, Voegtline K M. The gestational foundation of sex differences in development and vulnerability[J]. Neuroscience, 2017(342): 4-20.

[353] King N. Classification and evaluation of the two-factor theory of job satisfaction[J]. Psychological Bulletin, 1970(74): 18-31.

[354] Butler R W. The concept of a tourist area cycle of evolution: implications for management of resources[J]. Canadian Geographer, 1980, 24(1): 39-48.